Moi maton, j'ai brisé l'omerta

À Delphine, Maïllys et Anne-Sophie

Éric Tino
En collaboration avec Laurence Delleur

Moi maton, j'ai brisé l'omerta

I

DES MILITAIRES À LA PÉNITENTIAIRE

J'ai grandi dans une maison familiale à Bordes, à quelques kilomètres de Pau. C'est mon père, Vittorio, qui l'avait construite de ses mains, pierre par pierre. Il avait à l'origine un diplôme de maçon et adorait bricoler. Ensuite, il a changé radicalement de voie : il est entré dans les commandos parachutistes. Nous nous étions installés près de Pau parce qu'il servait à l'École des troupes aéroportées de Pau, chargée de la formation des parachutistes.

Je suis né le 27 janvier 1976, son fils unique, entre deux sœurs, Alexandra et Stéphanie. Papa était très souvent absent. Trois ans après ma naissance, en avril 1979, il partait comme membre de la Finul, la force des Nations unies au Liban.

On n'a pas vu papa pendant six mois. On recevait seulement quelques lettres et un coup de fil par mois, passé depuis le quartier général américain. Papa ne racon-tait jamais rien de ce qui se passait sur le terrain — secret défense. C'était compliqué pour ma mère. Elle nous élevait toute seule. Il y a quelques mois, elle m'a avoué avoir eu très peur lors de l'attaque de Naqoura. Dans cette ville du sud du pays était situé le quartier général de la Finul. Quinze jours seulement après l'arrivée de mon père, ma mère entend à la télévision qu'il y a eu une attaque… Un soldat est mort ce jour-là. Heureusement, il ne s'agissait pas de mon père. À l'époque, elle ne nous en a pas parlé. Elle vivait toujours dans l'angoisse de ne pas le revoir mais enjolivait les faits pour ne pas nous inquiéter.

Avant ma naissance, papa avait été blessé gravement lors d'une manœuvre à Caylus. Une charge de TNT avait sauté, le blessant à la jambe, aux oreilles et aux yeux. Aujourd'hui encore, malgré plusieurs opérations, il a toujours des dizaines de d'éclats à l'intérieur du corps – trente-quatre exactement. Chaque année, il doit passer un scanner, pour vérifier qu'ils n'ont pas bougé et ne risquent pas de toucher les artères. Cela ne l'a pas empêché de continuer à combattre et à repartir en « opex » comme il disait (en opérations extérieures, c'est-à-dire en interven-tion militaire à l'étranger), au Tchad et en Centrafrique notamment.

Je connais tout de ses blessures mais rien de ses combats. Il n'en parlait jamais. Je lui ai plusieurs fois demandé s'il avait tué quelqu'un. Il n'a jamais voulu répondre. « Secret défense »...

J'ai beaucoup souffert de son absence. Je l'adulais. Ses vêtements militaires me fascinaient ; cette tenue de camouflage que beaucoup de chasseurs utilisent maintenant. Lorsque j'étais tout petit, je voulais faire comme lui, rentrer dans l'armée. Pour mes cinq ans mon père m'avait même acheté une tenue de camouflage pour enfants. Il avait été muté à l'île de la Réunion, où nous habitions donc avec lui et il m'avait fait confectionner cette tenue sur mesure, dans sa garnison. Il paraît que je la gardais avec moi du matin au soir. Je dormais même avec.

Toute mon enfance et mon adolescence, je voulais exercer le même métier que lui. Mais ensuite je suis entré en conflit avec mes parents et je me suis éloigné de tout ce qui me rappelait mon père et par conséquent de cette vocation militaire.

J'ai quitté la maison brutalement, à peine majeur. J'aurais pu poursuivre mes études s'il n'y avait pas eu cette rupture avec ma famille. J'étais passionné de criminologie et je voulais faire du droit. Au lieu de cela, à dix-neuf ans, je vais au lycée le jour (j'ai redoublé deux fois à cause de ces soucis familiaux) et je travaille à côté. Je fais des petits boulots d'agent de sécurité. Je surveille des bals de village, je suis chargé de « pré-vol », c'est-à-dire de prévention des vols, dans les magasins. Ça consiste à suivre les gens et à les arrêter en flagrant délit... J'étais à l'aise dans ce travail, ça ressemblait un peu au métier de détective : il fallait guetter les gens, les observer, faire preuve de ruse. C'était assez amusant. Arrêter les personnes en revanche n'était pas toujours drôle. Certains volaient pour manger ou pour satisfaire des addictions.

Un jour, je suis tombé comme ça sur mon ancien prof de maths. Je travaillais dans un petit Casino. Au bout de l'un des rayons, on se faufilait derrière un mur et on montait sur des frigos rangés dans la réserve. Nous en avions l'autorisation du directeur. De là, nous avions une vue imprenable sur tout le magasin, à l'abri du regard des clients. Un matin, je vois ce prof en train de cacher deux bouteilles de vin sous son manteau. Comme la procédure l'exige, j'attends qu'il passe aux caisses puis je me présente, pas comme son ancien élève mais en lui tendant ma carte d'agent de sécurité. Je le conduis ensuite dans un petit débarras situé à l'intérieur du magasin et lui demande de vider ses poches. En l'absence du directeur, le boucher m'accompagnait. La procédure exigeait d'être à deux. Mon prof m'a reconnu tout de suite, il est devenu livide. C'était humiliant pour lui. Il a payé les bouteilles et je ne l'ai jamais revu.

À vingt ans, je pars faire mon service militaire. C'était encore obligatoire à l'époque. Au cours de mes « trois jours[1] », après les tests de logique, on me propose l'armée ou la police. Braqué dans cette opposition à mon père, je réponds que je ne veux pas de l'armée de terre. C'est comme ça que je suis parti dans la police. Il ne me l'a jamais dit mais je pense que ce jour-là j'ai déçu mon père profondément.

En janvier 1997, je deviens donc planton au commissariat d'Hendaye. J'étais rattaché à la police aux frontières. On recevait les gens qui venaient pour l'immigration. Planton, c'était rasoir, on passe des heures à répéter : «Bonjour, dirigez-vous vers ce bureau-ci, dirigez-vous vers ce bureau-là… » Je travaillais en revanche avec un très bon brigadier-chef, qui s'appelait Dozière. Je ne me rappelle plus son prénom. Il m'avait pris sous son aile. On partait en voiture, on faisait des petites missions, des contrôles d'identité notamment à la gare, à la sortie du train. Beaucoup de Nord-Africains passaient par l'Espagne pour entrer en France. On vérifiait leurs papiers et s'ils n'en avaient pas, on appelait les collègues du commissariat

---

1. Il s'agissait en fait de deux jours maximum pendant lesquels les jeunes passaient une visite médicale – qui permettait de les classer aptes, de les exempter ou d'ajourner leur service –, des tests d'aptitude intellectuelle et professionnelle et enfin un entretien avec un officier qui orientait les jeunes vers une armée, une arme ou un service déterminés. La loi du 28 octobre 1997 a suspendu la conscription pour tous les jeunes nés après le 31 décembre 1978 et l'a remplacée par l'appel de préparation à la défense.

central, le fourgon arrivait et ils étaient emmenés en centre de rétention.

À la fin de mon service, en octobre 1997, je pars vivre à Laroin, à dix minutes de Pau, chez les parents de ma copine de l'époque, dans la chambre d'amis. Un an plus tard, je profite du dispositif des emplois-jeunes, passe un petit concours en préfecture et entre comme adjoint à la sécurité dans la police. Après un contrat de cinq ans, je suis intégré au commissariat de Pau. Les adjoints à la sécu-rité faisaient la même chose qu'un flic ordinaire, étaient armés d'un pistolet automatique 7.65 à l'époque. Chacun avait un formateur, auquel il était rattaché. Ensuite, au bout d'un an, on pouvait passer le concours de la police.

Mon formateur s'appelait Philippe Maugard. Il devait avoir une quarantaine d'années. C'était un type extra. Tout le monde le surnommait « l'inspecteur Clouseau » au commissariat, comme le personnage dans La Panthère Rose. Il avait le même physique, la même moustache. Le contact est passé rapidement entre nous. J'avais l'impression qu'il ne faisait pas de différence entre son galon de sous-brigadier et mon modeste statut d'adjoint de sécurité. C'est avec lui, au service îlotage, que j'ai vu pour la première fois un cadavre. On l'avait retrouvé démembré dans l'escalier d'un immeuble. Bizarrement, cela ne m'a pas fait grand-chose.

Des militaires à la pénitentiaire

Lui roulait en scooter, moi à mobylette. On était affectés au quartier de Saragosse, un secteur sensible de la ville. Notre travail consistait à faire la circulation autour de certaines écoles, à protéger et secourir les habitants, à prendre des renseignements. Rien de bien palpitant. Ça n'était pas un métier de rêve, au début cela ne me plaisait pas plus que ça, mais à force de passer du temps avec ce gars-là, je me suis senti prêt à devenir flic. Ce qui m'attirait, c'était les montées d'adrénaline, la BAC[1] par exemple, les boulots de filature en civil ou les arrestations. En îlotage, il n'y avait pas beaucoup de moments de tension, à part quelques courses-poursuites. Se balader dans le quartier pour aller voir les commerçants, ça ne m'intéressait pas beaucoup…

J'avais aussi un avantage là-bas. J'avais été nommé chauffeur occasionnel du DDSP, le directeur départemen-tal de la sécurité publique. J'avais décroché ce poste parce que avec un copain je faisais de la course automobile de côte en BMW. À l'époque on voulait participer au grand prix de Pau, le « mini Monaco » ils appelaient ça. Mais il fallait beaucoup de moyens et on manquait de sponsors. On a dû abandonner le projet.

Un jour, on reçoit un appel radio depuis Lons, dans la banlieue de Pau. Un meurtre vient d'être commis ; tout le

---

1. Brigade anticriminalité.

monde doit y aller en urgence. Philippe, mon formateur, me demande de conduire la voiture de police, avec le 2tons[1] et le gyrophare. À l'époque je n'avais pas le droit de prendre le volant, parce que j'étais simple « emploi-jeune ». Mais il savait que j'adorais conduire et surtout vite. On arrive quelques minutes plus tard devant la maison où il y a eu des tirs. Philippe m'ordonne de rester dans la voiture. Les collègues entrent, eux. Il y a la BAC aussi, ils sont très nombreux, une cinquantaine environ. Mais l'homme réus-sit à s'échapper. Il vient de tuer sa femme à coups de fusil.

À la radio on nous crie : « Vite, il est de l'autre côté, il s'est enfui dans la forêt voisine ». Les motards partent à sa poursuite. Voyant ça, je décide de les suivre avec le gyro-phare et le 2tons. J'avais envie d'y aller car je me disais que si je l'arrêtais moi-même, je serais titularisé flic pour de bon. En réalité ce sont les motards qui l'ont rattrapé un peu plus loin et moi je me suis fait engueuler parce que j'étais parti tout seul…

Deux ans plus tard je passe le concours de la police nationale. En 1999, je loupe l'écrit. L'année d'après, je rate l'oral. Je me souviens d'une question en particulier :

«Qu'est-ce qui vous a marqué le plus en 1998 ? » L'un des examinateurs me suggère : « La Coupe du monde de

---

1. 2tons : sirène de la police.

Des militaires à la pénitentiaire

football ? » Moi, je réponds : « Non, l'assassinat d'Érignac ». Ils m'ont alors posé plein de questions. Je ne savais pas répondre à toutes. Cette affaire m'avait marqué parce que c'était un préfet, un haut fonctionnaire. Ce n'est pas nor-mal je trouve qu'on assassine ce genre de personnes.

La même année je me sépare de ma copine, Patricia, et je me mets en couple avec une autre fille, Samantha, qui habite Pau et dont le père est gardien de prison. Je découvre son métier un jour par hasard. Je suis en train de déjeuner chez eux et je le vois en tenue avant sa prise de service à la maison d'arrêt de Pau. Au début je n'y prête pas attention. Il a sa vie, moi la mienne. Je suis toujours sous contrat en tant qu'emploi-jeune dans la police. Mais je suis bientôt muté de l'îlotage au service informatique et ça ne se passe pas bien du tout. Un ancien CRS est mon supérieur. Je suis meilleur que lui en informatique. Je sais démonter et remonter un ordinateur les yeux fermés, et lui non. Les flics du commissariat m'appellent davantage que lui en cas de pépin, ce qui ne lui plaît pas. Il commence alors à me faire des coups en douce et à me mener une vie d'enfer. Il cache les outils nécessaires au démontage des ordinateurs, ne me communique pas certains codes d'accès, ne me prévient pas lorsqu'un bureau m'a appelé pour un dépannage. Au bout d'un moment, ça commence

Moi maton, j'ai brisé l'omerta

à me gonfler. J'en ai assez de partir au boulot tous les matins la boule au ventre, sachant que je vais passer huit heures d'affilée avec une personne qui me pourrit la vie. Je décide de chercher autre chose.

Je tombe sur l'annonce d'un type qui a besoin d'un agent de sécurité pour l'ouverture du centre commercial Quartier Libre à Pau. Je postule : il m'embauche tout de suite. Je démissionne dans la foulée de mon emploi-jeune. Je n'ai pas trop hésité car l'autre boulot était bien payé pour l'époque, autour de 1 400 euros. Au bout de quelques mois, je gère soixante-dix employés et je passe responsable de tout l'Ouest de la France. Et puis, un matin, des inspecteurs du travail débarquent au centre commercial et demandent

à voir les papiers de tous les salariés. Je prends mon télé-phone et j'appelle le patron. Au moment où je lui annonce « Monsieur, il y a l'inspection du travail qui veut vous par-ler », il raccroche précipitamment. C'est la dernière fois que j'ai entendu le son de sa voix. En fait, sur les soixante-dix et quelques employés, deux seulement étaient déclarés. Tous les autres, moi inclus, avions de fausses fiches de paie. Ce type est parti avec la caisse, quatre millions d'euros, et a disparu de la circulation. Il y a eu un mandat d'arrêt contre lui. Je n'ai jamais su s'ils avaient réussi à le coincer. Peut-être qu'il court toujours…

Des militaires à la pénitentiaire

En attendant, il faut que je retrouve rapidement du travail. C'est là que le père de ma copine me conseille de passer le concours de surveillant pénitentiaire. Il ne me donne pas tellement de détails mais m'assure que c'est bien payé et tranquille, qu'en gros on ne fait pas grand-chose de la journée. Lui, c'était un vieux de la vieille, il avait au moins vingt ans de carrière. Je me dis : c'est un métier à vie et en tenue, en bleu, ce n'est pas négligeable. Le bleu pour moi représentait l'État. Être en bleu signifiait protéger les citoyens mais aussi se faire respecter des gens, de certaines catégories de la population comme les habi-tants des ZUP par exemple.

Les petits délinquants, les petites frappes, j'en côtoyais beaucoup à la MJC[1]. Je faisais du sport de combat avec eux. J'avais commencé le full-contact pendant ma période d'emploi-jeune à Pau, pour apprendre à me défendre. Les jeudis, vendredis et samedis soir, j'étais videur de boîte de nuit pour gagner plus de sous. Je n'avais pas le droit de travailler à côté de mon emploi-jeune, mais je passais outre. Ça a failli m'attirer des ennuis d'ailleurs car un jour, j'ai vu arriver tout le groupe d'îlotage du commissariat avec ma chef. Ils venaient danser à la discothèque... Elle m'a demandé ce que je faisais là. J'ai prétendu que je me

---

1. Maison des jeunes et de la culture.

promenais. « Ah bon, tu te promènes de nuit, habillé tout en noir ! Tu sais que tu n'as pas le droit de travailler ailleurs que chez nous ? » Quelques minutes plus tard, elle promettait de ne rien dire… à condition que je les fasse tous entrer à l'œil. Ce que j'ai fait, bien content de m'en tirer à si bon compte…

Au Joker – c'est comme ça que s'appelait la boîte –, les clients étaient rarement des policiers, mais plutôt les jeunes de la ZUP d'à côté. Au début, je gardais le parking. Mon rôle était d'empêcher les vols et les casses, très nombreux, de voitures. Un soir, alors que je viens de défendre à un conducteur de se garer à un endroit interdit, sept per-sonnes me tombent dessus. J'ai juste le temps de prendre ma radio et de hurler : « Kalec, j'ai besoin d'aide ! » Je m'en suis pris plein la gueule, mais eux se sont tous retrouvés à l'hôpital. J'ai oublié de préciser : Kalec, l'un des autres videurs, était champion d'Europe de full-contact. Quelques jours après, il me proposait de venir m'entraîner en salle avec lui. J'ai accepté tout de suite.

La première fois que j'ai fait du sport avec ces jeunes, j'ai eu peur. Ils savaient que j'étais dans la police, parce que je faisais des rondes dans la ZUP. Pendant les entraî-nements, ils me tapaient plus fort que les autres. Mais le prof a fini par les calmer. Et j'ai gagné leur respect parce que je m'entraînais tout le temps avec eux. Ils me regar-

Des militaires à la pénitentiaire

daient différemment. Quand je faisais mes rondes, on me laissait en paix. Les jeunes me saluaient même, au point que ça surprenait certains de mes collègues !

Sur les conseils du père de ma copine, je passe donc les écrits du concours de surveillant pénitentiaire à Pau. Ce sont des questionnaires à choix multiples, comme dans le concours de la police, mais le niveau est beaucoup plus bas. Les questions sont très simples et n'ont rien à voir avec le métier de surveillant de prison. On nous demande par exemple le nom d'artiste de Jean-Philippe Smet ou de citer deux acteurs ayant interprété le rôle de James Bond, de don-ner la périodicité d'un journal hebdomadaire, de convertir en mètres dans dix kilomètres, d'indiquer dans quelle ville se trouvaient les tours du Wall Trade Center, de préciser ce que signifie CRS, etc. Que des questions de ce type…

À l'oral, je tombe sur le directeur de la maison d'arrêt de Pau. Je pense que j'ai été avantagé, parce que je le connaissais. Après l'écrit, le père de Samantha m'avait en effet proposé de le rencontrer et de visiter la prison. On avait eu son accord pour le faire en civil. Quand j'y suis entré, tous les détenus étaient enfermés en cellule. Je ne me souviens que des couloirs et des grilles, un peu partout. Cela m'avait surpris. Je ne m'attendais pas à voir autant de grilles et de caméras, autant de barreaux à franchir pour arriver jusqu'à une   cellule.

Moi maton, j'ai brisé l'omerta

À l'oral, ils me questionnent beaucoup sur mon expérience dans la police, ce qui m'a plu, ce qui m'a déplu, pourquoi j'en suis parti. Cela ne dure pas très longtemps et je me sens à l'aise, connaissant ce directeur.

Quelques semaines après je reçois un courrier du ministère de la Justice m'informant que j'ai réussi le concours et que l'on m'attend à l'Enap[1] à Agen le 15 juin 2003 pour commencer ma formation de surveillant de prison. Je suis heureux : je pense que je suis sorti d'affaire, avec un métier à vie. Ce jour-là, je me trompe lourdement.

---

1. École nationale d'administration pénitentiaire.

II

LEÇONS DE DROIT EN UNIFORME

Le 15 juin 2003 au matin, me voici donc à Agen, prêt
à intégrer la 158ᵉ promotion de l'Enap. La formation dure en
tout six mois, dont deux et demi passés en stage en prison,
aux quatre coins de France.

Je découvre des locaux splendides, flambant neufs. Une
sorte de campus, avec de petits immeubles d'un ou deux
étages où se trouvent les chambres, un immense
amphithéâtre rouge, un bâtiment administratif vitré, un
restaurant universitaire, et un centre de tir. L'école a déména-
gé ici il y a trois ans seulement. Elle se trouvait avant à
Fleury-Mérogis, dans la banlieue parisienne, sur l'ancien site
du centre de jeunes détenus.

Le premier jour, c'est une grande pagaille : on dirait une
fourmilière. Plus de quatre cents élèves débarquent en
même temps pour s'inscrire à l'accueil. L'agent administra-tif
me donne un plan de l'Enap et la clé de ma chambre, que je
partage avec un autre élève. C'est une pièce de neuf

mètres carrés environ – je l'apprendrai plus tard, c'est la même surface qu'une cellule – avec une petite salle de douche et deux lits superposés. Mon colocataire ne tarde pas à entrer, il se comporte bizarrement, me disant à peine bonjour. Le soir, il n'est pas là. Il rentre à trois heures du matin, complètement saoul, et fait un boucan pas possible comme s'il était seul dans la pièce. Je n'ai quasiment pas fermé l'œil de la nuit. Le lendemain matin, je retourne voir l'agent administratif et lui raconte ce qui s'est passé. Sa réponse me surprend beaucoup. Il se contente de lan-cer : « Je suis au courant, c'est habituel ». Et il me tend une autre clé, celle d'une chambre individuelle cette fois. Pas mal d'alcool circulait dans l'école, comme je m'en suis rendu compte au fur et à mesure. Les élèves sortaient beaucoup en soirée, en boîte de nuit. Ça me faisait penser

à la fac. Les gens buvaient dans les chambres, chantaient dans la rue. Rien à voir avec l'école que j'avais intégrée pour devenir emploi-jeune dans la police. Là-bas, c'était beaucoup plus sévère, comme à l'armée. On faisait notre lit au carré, on assistait au lever du drapeau, on marchait au pas en silence jusqu'à la salle de cours. Je préférais.

Le deuxième jour, je découvre notre classe. Une ving-taine d'élèves de tous profils : un éducateur spécialisé, un commercial, un horloger, des chômeurs, des jeunes et moins jeunes. Il y a même un moniteur d'auto-école dans

Leçons de droit en uniforme

la promo ! On passe l'après-midi à essayer nos tenues de futurs surveillants. À l'époque, elle se composait d'un pantalon en velours, d'une chemise bleu clair et de chaussures de ville. Depuis, c'est une tenue type treillis, avec un simple polo et des rangers.

Dès le troisième jour, on porte l'uniforme en cours, alors que les promotions avant nous étaient en civil. En ce qui me concerne, je suis bien content de remettre une tenue, j'ai l'impression de représenter la France, l'État. Certains, en revanche, dès qu'ils ont enfilé l'uniforme, commencent à la ramener. Ils sont élèves depuis quelques jours et se prennent déjà pour des dieux. À l'extérieur de l'école, on voit bien qu'ils se sentent supérieurs. D'autres, au contraire, n'aiment pas du tout l'idée de porter une tenue et certains ont même démissionné à cause de cela.

Je me suis rapidement fait un ami, Jean-Pierre Degand, avec lequel je passais tout mon temps. C'était lui, l'ancien horloger. On mangeait ensemble midi et soir et on restait des heures dans la chambre à discuter de nos vies. Il collectionnait les automobiles anciennes, alors on parlait voitures. Il venait du Nord-Pas-de-Calais, comme plus d'un élève sur quatre dans cette promotion. Il me parlait de sa vie là-bas, moi de ma vie dans le Sud. Il était origi-naire d'un tout petit village appelé Nédonchel, où il avait été élu conseiller municipal. Je me souviens de la cocarde qui était accrochée à l'intérieur de sa voiture… J'ai tou-jours pensé qu'il avait un drôle de profil pour un sur-veillant. D'ailleurs, j'ai appris il y a quelques mois qu'il avait démissionné de l'administration pénitentiaire. Ça ne m'a pas surpris.

Au départ, je suis assez étonné de l'enseignement qu'on nous donne à l'école. Beaucoup de nos cours sont éloignés du quotidien de notre métier : le droit constitutionnel, l'histoire de la pénitentiaire (on en a eu un nombre d'heures incalculable, alors qu'une ou deux auraient suffi pour en faire le tour). Le droit pénal en revanche est utile. Il nous aide à comprendre le sens de chaque infraction et de chaque condamnation. Ce que j'aimais beaucoup, c'était les cours de GTPI, les Gestes techniques d'interven-tion fondamentaux. Les surveillants pénitentiaires doivent en théorie les maîtriser : immobilisations au sol, menot-tage, techniques de self-defense, etc. Un surveillant doit pouvoir se défendre, en cas d'attaque au couteau ou avec n'importe quelle arme blanche, et aussi désarmer. Les techniques étaient les mêmes que celles qu'on enseignait dans la police. Elles étaient très efficaces. Encore faut-il savoir les utiliser… On nous avait distribué un fascicule d'une vingtaine de pages, à apprendre par cœur. Et à la fin

Leçons de droit en uniforme

de l'année, il fallait passer un test pour vérifier qu'on connaissait tous les gestes.

Certains élèves étaient intéressés, d'autres, moins sportifs, n'en avaient rien à faire, comme Jean-Pierre par exemple. Beaucoup ne se rendaient pas compte combien notre métier pouvait être dangereux, en tous cas pas avant le premier stage. Personne ne savait ce qui se passait derrière les barreaux. L'ambiance, ici, était encore bon enfant. J'avais pour ma part plusieurs années de self-defense

à mon actif. Un jour, un tout jeune formateur, surveillant de la région parisienne, vient nous donner un cours. Il est chargé de nous présenter les différents cycles de travail du métier. Un surveillant, en effet, peut servir de journée, de nuit, les dimanches, les jours fériés. La plupart travaille en roulement, par équipe, à des horaires différents selon les postes qu'ils occupent : entrée principale, en étage, par-loirs, promenades, mirador, poste central de commandes. La conversation dévie ce jour-là sur le comportement à adopter face à un détenu qui se rebelle. Le formateur nous explique qu'il faut l'immobiliser, que c'est facile quelle que soit la situation. Je prends alors la parole et rétorque que je ne suis pas d'accord, que ça n'est pas toujours possible. Il poursuit : « Si, il suffit de tirer par derrière les pieds du

détenu qui va automatiquement tomber ». Je continue à protester. Il me demande alors de me lever, pour faire le test avec lui. Résultat : il se retrouve par terre, très contrarié. L'exercice s'est arrêté là…

On ne sait jamais qui on a en face. Le gars peut faire un mètre soixante, être ceinture noire et te mettre une branlée… C'est pareil, s'il fait de la musculation tous les jours et a des jambes d'acier, tu peux toujours le prendre par les pieds et tirer, il ne tombera pas. Certains élèves, une fois l'uniforme enfilé, s'imaginaient devenus ceinture noire de karaté comme par magie, alors qu'ils n'arrivaient même pas à reproduire les gestes élémentaires qu'on nous enseignait.

Le tir, c'était encore une autre affaire. Il s'agissait d'armes à feu, qui peuvent tuer. Moi, j'adorais ça, je voulais même pratiquer en club à une époque, mais ça coûtait trop cher. Pas mal d'élèves à l'Enap avaient peur et faisaient n'importe quoi. Par exemple, lorsque le fusil est enrayé, il faut le réarmer. Pendant les exercices, on est cinq ou six à tirer en même temps, côte à côte. En cas d'incident, on doit lever la main, pour que le moniteur suspende l'exercice pendant qu'on résout le problème. Eh bien certains se tournaient directement vers le moniteur et les collègues, l'arme en main, alors que la balle coincée dans le fusil pouvait partir à tout moment et blesser voire tuer quelqu'un.

Leçons de droit en uniforme

Un surveillant ne porte pas d'arme en service mais doit quand même savoir tirer. Les agents postés dans les miradors, eux, sont armés. En haut de la tour, on est dans une pièce, avec une chaise, un lavabo et un caisson plombé dans lequel est rangé ce qu'on appelle une AMD, une arme semi-automatique avec une aide à la visée. En cas d'attaque de l'extérieur ou de tentative d'évasion, on peut être amené à tirer. Les règles de sommation sont strictes. On répète trois fois : « Halte ou je tire ! » et la troisième fois on vise le sol devant le fugitif. S'il n'obtempère pas et grimpe au mur par exemple, on doit lui tirer dessus.

J'ai trouvé cette formation au tir très complète. On s'entraînait sur plusieurs distances. Le moniteur était à côté de nous et mettait de la musique à fond pour nous déstabiliser, nous placer en condition de stress. On devait en plus porter un gilet pare-balles, obligatoire lorsqu'on est dans le mirador. Je découvrirai par la suite que beau-coup de surveillants ne le mettent pas. Il faut savoir qu'on reste en poste au minimum deux heures dans le mirador et que le gilet pèse sept kilos…

Cependant nous n'avions pas assez d'heures de cours pour savoir tirer correctement. Et beaucoup d'élèves, en quittant l'école, ne savaient même pas manier une arme.

Les premières semaines, je me demande un peu ce que je fais ici. Il y a trop de cours théoriques. Je ne me sens pas

Moi maton, j'ai brisé l'omerta

à ma place et je regrette de ne plus faire partie de la police. J'aurais tant aimé faire des enquêtes, être nommé à la criminelle. C'est dans cet état d'esprit que je pars en stage à la maison d'arrêt de Gradignan près de Bordeaux.

III

PREMIÈRES ARMES À GRADIGNAN

Ce premier stage est censé être un stage de « découverte ». Dans la pratique, je vais vite avoir les mains dans le cambouis… J'appréhende ma première confrontation avec des détenus. La prison était jusqu'ici pour moi un monde

à l'écart, inconnu, comme pour la plupart des Français. J'étais entré une seule fois en prison, à Pau, grâce au père de ma copine, sans croiser aucun prisonnier car ils étaient tous en cellule.

Dans chaque métier, la première journée est toujours un peu particulière. On ne sait pas où on va. Dans notre cas, en plus, le quotidien se déroule derrière des murs d'enceinte, à l'abri des regards. On sait qu'on va être face

à des violeurs, des tueurs. On ignore ce qui peut arriver. Je me demandais ce que serait ma réaction face à des taulards lourdement condamnés, des grosses pointures. Comment les gérer, comment leur parler ? Les petits voleurs de poules ne me faisaient pas peur. Mais l'idée de tomber sur des types du genre d'Yvan Colonna ou Pierre Alessandri[1] – que j'ai d'ailleurs connu plus tard à Lannemezan – m'impressionnait. Ils sont intelligents, ils peuvent nous manipuler. Ils n'ont rien à perdre. Le plus brillant de tous ceux que j'ai côtoyés dans ma carrière de surveillant, c'est Jean-Marc Rouillan[2]. Il avait horreur de tous ceux qui portaient un uniforme et ne parlait pas beaucoup. En revanche, il lisait énormément. Sa cellule était remplie de livres. Il avait l'esprit vif, et calculait très vite.

La première chose que je vois en arrivant sur l'immense parking du centre pénitentiaire de Gradignan, c'est le mur d'enceinte protégeant un immense bâtiment de près de trente mètres de haut, la maison d'arrêt pour hommes. On dirait un HLM des années 1970. Je devine tout autour quatre autres bâtiments qu'on me présentera ensuite comme le centre pour mineurs, le centre de semi-liberté, le quartier des femmes et un bâtiment administratif. Des centaines de vêtements déchirés, de sacs-poubelle, de restes de nourriture pendent aux filets antihélicoptères, aux

---

1. Yvan Colonna et Pierre Alessandri : nationalistes corses condamnés tous deux à la réclusion criminelle à perpétuité pour l'assassinat du préfet Érignac le 6 février 1998.
2. Jean-Marc Rouillan : membre du groupe anarchiste Action directe, condamné à la réclusion à perpétuité pour l'assassinat de l'ingénieur général de l'armement René Audran et celui du PDG de Renault Georges Besse.

barbelés et sur les toits grillagés au-dessus des cours de promenade. C'est répugnant.

La chambre de certains stagiaires donnait sur ce décor lugubre… La mienne, par chance, avait vue sur le parking. On dormait dans une maisonnette située à gauche de celui-ci. Au rez-de-chaussée se trouvait le mess des sur-veillants et à l'étage, des chambres pour les surveillants remplaçants et nous, les stagiaires.

Nous sommes une dizaine de l'Enap. Durant tout le stage, nous faisons doublure. Nous n'avons pas les clés et devons suivre des collègues titulaires qui nous expliquent le métier. Ça, c'est la théorie. Dans la pratique, c'est différent.

Le premier jour, nous entrons tous en tenue au sein de la prison. Nous passons sous le détecteur de métal. Les premiers mots qu'on entend, c'est : « Pas de portable ! » Il est interdit d'avoir un téléphone sur soi lorsqu'on travaille comme surveillant. On doit le laisser à la maison ou dans la voiture. Cette consigne me déconcerte. Mais je comprends vite pourquoi : si un portable traîne en détention, il peut vite devenir un moyen de chantage et de corruption…

Puis nous partons vers le quartier des femmes. L'endroit est calme et silencieux, la plupart des détenues sont en cellule. Nous n'en apercevons que deux. L'une part au parloir, l'autre est en train de nettoyer le sol. C'est une « auxi ». L'auxi ou auxiliaire, nous apprend-on, est responsable de l'étage. Elle distribue les repas et fait le ménage, en échange d'un petit salaire.

Nous traversons la cour de promenade. L'herbe est dégueulasse, il y a des trous partout, de taupes ou de gros rats je n'en sais rien, et un petit bac à sable vide. Un peu plus loin, la surveillante qui nous accompagne nous fait franchir une nouvelle grille, qu'elle referme immédiate-ment derrière nous. Devant, deux cellules pour des mères avec enfants [1]. Une autre grille nous en sépare. Et là, à quelques mètres, nous apercevons un gamin qui s'accroche aux barreaux et nous regarde fixement. C'est mon premier choc en détention ; je ne suis pas près d'oublier cet instant. Je ne savais pas qu'il y avait des enfants en prison. J'ai toujours en mémoire l'image de ce petit, agrippé des deux mains à la grille qui a l'air de se demander ce qu'on fait là. Le pauvre est né en taule et va y grandir jusqu'à ses dix-huit mois. J'espère pour lui qu'il ne gardera pas de souvenirs de cette période. Ça me choque de voir un gamin qui n'a rien fait en prison, même si au moins il est avec sa mère. On en

---

1. Les femmes détenues qui donnent naissance à un enfant durant leur détention peuvent le garder auprès d'elle en prison jusqu'à l'âge de dix-huit mois. Elles doivent alors se séparer de lui.

discute plus tard entre stagiaires, les quatre femmes du groupe sont bouleversées.

Puis on sort pour atteindre le quartier hommes. Le changement est radical : c'est le bordel, ça crie dans tous les sens, ça tape contre les portes des cellules. J'apprendrai plus tard que cette prison est réputée pour son foutoir permanent... Tout à coup, une alarme retentit. On voit les surveillants courir dans tous les sens. Notre formateur nous ordonne de ne pas bouger de l'escalier : « Vous restez là, vous n'ouvrez pas la grille, on regarde ». Les surveillants s'affolent, ferment les portes des cellules et les grilles. On attend qu'ils soient tous passés pour redescendre. On n'a jamais su ce qui s'était passé ce jour-là. L'alarme est stressante parce qu'elle surprend. On sent l'adrénaline monter et on se demande comment réagir.

En bas, nous découvrons une chose étonnante : un ascenseur pour les détenus, qui dessert les étages de la détention et, plus surprenant encore, un surveillant-liftier. Il se tient dans une minuscule pièce blindée à l'intérieur de l'ascenseur, où il y a à peine la place pour une chaise. Les détenus entrent ; le surveillant appuie sur les boutons des différents étages. Super boulot... Tu restes là plusieurs heures d'affilée à monter, descendre, monter, descendre... C'est la seule prison que je connaisse avec un ascenseur.

Moi maton, j'ai brisé l'omerta

Le lendemain, je monte au premier étage rejoindre mon formateur. Je tombe sur un surveillant, la quarantaine, très grand, costaud, au visage fermé. Il m'emmène faire l'appel. Dans notre jargon, ça veut dire vérifier que tout le monde est vivant. C'est comme ça à chaque prise de service, il faut aller voir tous les détenus un par un et s'assurer que personne ne s'est pendu. Je lui emboîte le pas, je ne dis rien, on fait l'appel ensemble, on regarde par l'œilleton, on ouvre la cellule, on dit bonjour et on repart. De retour à son bureau, il pose ses clés sur la table et me dit : « Voilà les clés, tu bouges pas, je vais boire un café ». Je le dévisage, stupéfait. Je me dis : mais qu'est-ce que je fous là... S'il se passe quelque chose, je n'ai pas d'alarme, le gars est absent, je ne sais pas quoi faire si ça tape dans tous les sens. Ça m'a cloué sur place. C'est totalement interdit de laisser un stagiaire seul comme ça. Je suis tombé sur un type qui n'avait apparemment pas envie de me former...

Il revient une bonne demi-heure plus tard seulement. Cette fois il me dit : « Tu vas ouvrir les portes pour envoyer les gens aux ateliers ». J'ai donc fait ma première ouverture de porte tout seul, au bout d'un jour seulement. Ce n'était pas du tout prévu. Lui, pendant ce temps-là, est resté tranquillement assis dans son bureau. C'était l'étage des violeurs et des pédophiles. Il a dû penser que je ne risquais rien. Ce sont des gens qui ont la réputation d'être des détenus faciles. Mais à ce moment-là, je n'en savais rien.

Comme je ne savais pas non plus quelle était la procédure pour ouvrir une porte. Logiquement, on doit d'abord regarder par l'œilleton, pour contrôler que le détenu ne se tient pas juste derrière. Si c'est le cas, on lui demande de reculer un peu. Mais ce jour-là, rien de tout ça, j'ouvre directement la porte sans me poser de question. Je ne mets pas non plus mon pied en bas de la porte, ce qu'on fait systématiquement aussi pour éviter que le détenu sorte en la poussant d'un coup sec. Enfin, on doit remettre le pêne de la serrure pour que la porte ne se referme pas dans notre dos, ce que j'ignore alors et donc ne fais pas non plus.

Heureusement, tout se passe bien. Les détenus ne sont pas surpris de me voir. Ils repèrent tout de suite que je porte un simple galon bleu marine et que je suis élève. Mais ils font comme si de rien n'était, comme si j'étais un vrai surveillant.

Ces détenus condamnés pour viol ou pour pédophilie sont surnommés les « pointeurs » ou les « pointus » en prison. On parle de leur sexe comme d'une pointe, d'où ces surnoms... Ce qui m'a marqué lors de mon stage à Gradignan, c'est qu'ils ne sortaient pas en promenade de crainte d'être passés à tabac par les autres détenus. Lorsque je venais ouvrir la porte, les gars disaient : « Non, non, je n'y vais pas ». Les trois-quarts d'entre eux ne sortent jamais de leur cellule. Les autres détenus les détestent et veulent leur faire la peau lorsqu'ils apprennent pour quelle raison ils sont derrière les barreaux. Les surveillants ne les aiment pas non plus, mais ils sont faciles à gérer car ils sont calmes et purgent leur peine sans chercher d'histoires.

Quelques années plus tard, j'ai vu un pédophile se faire démonter la figure à la centrale de Lannemezan. Il faut dire que dans les centrales[1], il n'y a que de très longues peines et des gens dangereux. Le détenu prétendait être un braqueur. En fait, il avait violé et tué son gamin âgé de quelques mois seulement… Un détenu corse nouvellement arrivé vient me voir un jour dans la cour pendant la séance de sport et me lance : « C'est un pédophile, il n'a rien à faire là ». Il part ensuite voir les gens qui jouent au football avec le type et gueule : « Vous n'avez pas honte de jouer avec un pédo ? » Tout le monde lui est tombé dessus. J'ai déclenché l'alarme mais je ne suis pas intervenu. Quand vous avez vingt ou trente gars qui sont là pour meurtre,

----

1. Centrale : une centrale accueille les détenus condamnés à de longues peines et les cas les plus difficiles. Elle se distingue du centre de détention qui accueille les détenus condamnés à des peines d'au moins deux ans et de la maison d'arrêt qui accueille les prévenus, en détention provisoire, ou les détenus condamnés à des peines inférieures à deux ans.

vous n'y allez pas tout seul. Ils auraient pu s'en prendre à moi aussi.

D'autres surveillants sont arrivés bientôt en tenue de « tortue ». C'est comme ça qu'on l'appelle entre nous. C'est le même équipement que celui des CRS, avec des jambières, des coudières, des gants, des casques, des boucliers. Étant en vêtements de sport, même pas en uni-forme, je suis resté où j'étais. Les détenus se sont écartés. Ça se passe chaque fois comme ça. Ils tabassent et ensuite ils se poussent pour nous laisser passer et récupérer la victime.

Il était couvert de sang, dans un sale état. On l'a conduit à l'infirmerie et il a été placé à l'isolement. Dans ce quartier, on place les DPS[1], des figures du grand banditisme comme Antonio Ferrara ou des tueurs en série comme Patrice Alègre par exemple, pour les séparer du reste des détenus et éviter qu'ils n'organisent une évasion avec d'autres. On y place aussi certains violeurs ou pédophiles pour les protéger tout comme d'anciens fonctionnaires, flics, matons, etc. qui risqueraient de passer un sale quart d'heure si on les mêlait aux autres…

---

1. Détenus particulièrement signalés. Ils sont inscrits dans un fichier à part, soit parce qu'ils ont déjà tenté de s'évader, soit en raison de comportements particulièrement violents en détention. Les initiales DPS sont inscrites en rouge sur toutes les correspon-dances internes de l'administration pénitentiaire ainsi que sur leur dossier individuel.

Moi maton, j'ai brisé l'omerta

À Gradignan, au bout de deux jours, je pars au 4ᵉ étage pour la suite de mon stage. Là-haut, il y a un grand couloir séparé en deux par une grille. D'un côté, c'est le quartier disciplinaire ou QD, de l'autre la détention. Les surveillants du 4ᵉ s'occupent des deux à la fois. Je tombe cette fois sur un surveillant à l'air jovial, investi, qui me prend réellement en main. Il m'ordonne de ne pas le quitter et de rester toujours à côté de lui.

Il m'explique d'abord comment gérer les étages, comme par exemple pour la douche : on y envoie un jour le côté pair du couloir, un jour le côté impair. Les détenus ont donc le droit à une douche tous les deux jours seulement. C'est lié au manque de douches – moins de dix pour quatre-vingts à cent bonhommes, et au manque de temps dont disposent les surveillants pour accomplir l'ensemble de leurs tâches. Impossible pour eux d'envoyer tout le monde à la douche quotidiennement ; cela durerait trop longtemps.

Au 4ᵉ, les détenus sont soit en attente de procès soit de transfert en CD, centre de détention. Tous ces détenus, contrairement aux violeurs, essaient de nous embrouiller lorsqu'ils voient que nous ne sommes que stagiaires. Ils nous mettent une pression terrible car ils savent qu'on ne connaît encore rien à la détention et ils en jouent.

Premières armes à Gradignan

La première semaine se déroule sans encombres. La seconde, mon formateur me donne les clés. C'est à moi de jouer. Lui est là pour regarder ce que je fais et me corriger. J'ouvre la porte de la première cellule. Je tombe sur un gitan qui me dit qu'il doit aller au parloir et me repousse pour sortir. Il a vu mon galon de stagiaire, c'est certain. C'est là qu'il faut garder son sang-froid et faire preuve de caractère. On a seulement quelques secondes pour prendre une décision. Si on lui dit « ok, va au parloir », notre crédibilité est entamée et on a perdu. J'ai vu à son regard qu'il mentait. Il parlait avec un léger sourire, ce qui m'a alerté. Je suis donc resté bien au milieu de la pièce, immobile, pour lui bloquer le passage. Je me suis tourné vers mon formateur et lui ai demandé s'il devait vraiment aller au parloir. Quand il m'a répondu que non, le détenu a réintégré sa cellule sans histoires. C'est un rapport de force à établir dès le départ.

Je me souviens très bien de mon formateur qui répétait qu'il fallait toujours garder la tête froide et ne pas se laisser impressionner. Il avait ajouté : « Tu vas forger ton carac-tère au fil des années ». Il avait raison. La personnalité évolue en devenant maton. Le caractère s'endurcit face à des détenus. On est obligé de les dominer, sans crier et de s'imposer dans notre façon de leur parler, de les regarder, de rester immobile. Si on se laisse impressionner on est mort, on peut changer de métier. Il ne faut jamais montrer sa peur.

Je n'ai eu peur qu'une fois en détention, lorsque j'ai vu Patrice Alègre. Il a un charisme très particulier. Lorsqu'il vous fixe, on a l'impression que s'il le pouvait il vous écorcherait vif. Pour l'accompagner au parloir, il fallait quatre personnes : un chef et trois surveillants. Plus le DPS est dangereux, plus il y a de monde pour ouvrir la porte et l'escorter : GIGN armé et cagoulé, hélicoptères, etc.

À Gradignan, j'ouvre les portes, accompagné de mon formateur, et je dis « bonjour Monsieur Dupont », «bonjour Monsieur Durand ». Il y a le nom de famille des détenus sur les portes ; pas leur prénom mais leur nom oui. Mais le formateur me corrige vite : il ne faut pas dire « monsieur ». Il ne m'explique pas pourquoi mais je comprends que c'est pour garder une distance, ne pas se mettre à leur niveau. C'est nous qui dirigeons, eux qui obéissent. On ne doit pas dire monsieur mais pas les tutoyer non plus. Même si eux nous tutoient, il faut les vouvoyer. Cette règle, je l'ai respectée pendant mes deux premiers stages mais ensuite, j'ai fait comme tous les autres surveillants, j'ai tutoyé tout le monde…

Là-bas, j'ai appris aussi à effectuer le sondage des barreaux. On fait cela pendant que les détenus sont en promenade. Il faut taper sur les barreaux pour vérifier qu'ils ne sont pas sciés. On les sonde et on fouille deux cellules au hasard à chaque vacation, c'est-à-dire change-ment de service. Il ne faut pas traîner, la promenade dure une heure seulement et pendant ce temps-là il faut aussi s'occuper des détenus qui sont restés en cellule car tout le monde ne va pas dans la cour au même moment.

Au quatrième étage de cette prison, l'une des cellules reste toujours fermée à clé. À l'intérieur, rien de spécial à première vue. Une pièce comme une autre, avec des barreaux, un lit, un lavabo. C'était celle du dernier condamné à mort à Bordeaux. Cela ne me fait pas grand-chose à vrai dire. Je suis pour la peine de mort pour les pédophiles et les violeurs. Ce qu'ils font me met hors de moi. Je n'accepte pas ces gens qui s'en prennent à des gamins de quelques mois seulement parfois.

Mon formateur avait aussi insisté sur un point impor-tant à ses yeux : il m'avait conseillé de ne jamais consulter les fiches pénales[1] des détenus. Lorsque je voulais savoir ce que chacun avait commis, il m'en dissuadait, m'expliquant que mon jugement en serait faussé. Il avait raison. Quand

---

1. Ce sont des fiches établies par le greffe de l'établissement pénitentiaire, auxquelles les surveillants ont accès, qui précisent les délits et les crimes commis par le détenu, la condamnation et la durée de la peine qu'il lui reste à purger.

on ne sait pas, on se comporte de la même manière avec tout le monde ; les détenus sont sur un pied d'égalité. Quand on sait qu'un gars a tué son gamin de quelques mois, le jugement change ; c'est impossible autrement.

À la fin du stage, je suis convoqué comme tous les autres élèves surveillants dans le bureau du directeur de la prison. On y entre un par un et il nous note. Je reçois une bonne appréciation et j'en suis fier. J'ai passé cette première épreuve avec succès.

C'est ainsi que je quitte Gradignan et l'univers carcéral. Mais pas pour longtemps. Quelques semaines plus tard, me voici de retour avec mon petit baluchon, frappant à la porte d'une autre prison, celle de la maison d'arrêt de Pau, cette fois.

Autre décor, autre enjeu. Pour ce second stage dit de « mise en situation », il n'y a plus de formateur attitré. Les premiers jours, on nous explique le fonctionnement de la maison d'arrêt et en cas de problème on peut aller cher-cher de l'aide. Mais sinon on gère déjà l'étage tout seul, comme nos collègues.

La maison d'arrêt de Pau est une très vieille prison ; elle date du milieu du XIXe siècle. Elle devait être détruite tout comme celle de Bayonne après l'ouverture d'un nouvel établissement pénitentiaire à Mont-de-Marsan. Il a été construit, ouvert[1]… mais les deux maisons d'arrêt de Pau et Bayonne sont toujours là, pleines de détenus.

Celle de Pau est totalement surpeuplée au moment où je m'y rends. J'y découvre une pièce où vivent ensemble seize détenus. Encore une aberration dont je ne me doutais pas… Les murs ont été cassés pour créer une cellule immense, l'équivalent de trois ou quatre cellules ordi-naires, avec une seule porte et plusieurs œilletons le long du mur pour voir tout le monde depuis l'extérieur. Ils appellent ça un « chauffoir ». Il y en avait deux à Pau, un pour les Gitans et un pour les Arabes.

Le stage se déroule globalement sans accrocs, mis à part un matin, où mon chef me demande d'aller ouvrir la porte d'un détenu convoqué chez le juge. Lorsque j'ouvre la cellule, je le reconnais immédiatement. C'est un ancien policier avec lequel j'ai travaillé pendant trois ans au commissariat de Pau. Je suis très surpris. Lui fait semblant de ne pas me reconnaître. Je lui demande de se préparer, le préviens qu'il va passer à la fouille avant de sortir, referme la porte et file regarder sa fiche pénale, contraire-ment aux conseils que m'avait donnés mon formateur à Bordeaux. Il y est indiqué « viol en réunion ». Mon opi-nion sur lui change alors radicalement. J'aimais bien ce

---

1. Le centre pénitentiaire, d'une capacité de 690 places, a ouvert en décembre 2008.

gars autrefois ; c'était un motard de la police nationale, qui avait vingt ans de carrière ; on avait passé trois ans à rigoler ensemble. Mais un viol en réunion, de la part d'un ancien collègue fonctionnaire de l'État, ça ne passe pas pour moi.

Je retourne le chercher, l'amène au local de fouille et lui demande d'enlever ses vêtements. Il refuse de retirer son caleçon. J'appelle le chef qui n'est pas très loin. Il lui ordonne d'obtempérer mais le détenu balance : « Ce surveillant, je le connais, je n'enlève pas mon caleçon devant lui ». Je lui réponds : « C'est trop tard, maintenant tu es derrière les barreaux, tu obéis ». Je veux lui faire comprendre qu'il n'est plus flic mais détenu et doit par conséquent obéir aux règles de la pénitentiaire. S'il avait été pris pour alcoolémie j'aurais sans doute été indulgent, mais là, sachant qu'il était condamné pour viol, je n'avais aucune pitié. Pour moi, c'était fini, ce n'était plus quel-qu'un en bleu, ce n'était plus un flic. Lui n'a pas du tout cherché à me parler, il baissait la tête, avait honte. Il ne s'attendait pas à se retrouver face à quelqu'un qu'il connaissait, surtout un ancien emploi-jeune qui avait bossé avec lui.

J'ai été bien noté à la fin de ce stage. Puis est venu l'examen final, que j'ai eu de justesse, au rattrapage. Le droit constitutionnel, ce n'était vraiment pas mon truc...

Premières armes à Gradignan

Nous avions ensuite chacun une fiche des vœux à remplir, pour notre affectation. Je voulais aller dans le Sud-Ouest, ma région d'origine. Je mets donc Bayonne comme premier choix.

Nous nous retrouvons tous enfin dans l'amphithéâtre de l'Enap. Nous étions plus de quatre cents dans cette salle. Au mur, un énorme tableau informatique affiche toutes les places disponibles. Pendant cinq minutes, chacun se tait et parcourt le tableau. Je tombe soudain des nues. Je réalise qu'il y a une seule place dans le Sud-Ouest, vers Guéret ou Limoges, je ne me souviens plus bien, et qu'elle est pour une surveillante femme. La France est comme coupée en diagonale : du côté Nord-Est, il y a énormément de places, et de l'autre très peu, à part Marseille, Lyon et la Corse.

Je suis classé 200e sur 400, mon copain Jean-Pierre 199e. Les élèves doivent indiquer leur choix l'un après l'autre, par rang de sortie. Jean-Pierre est à côté de moi, on discute ; on n'a pas énormément de temps pour se décider. Le major de la promo, Vincent Goral, prend Liancourt, en Picardie. Il habitait juste à côté. Il y avait cinquante places disponibles à Liancourt car une maison d'arrêt y était en construction.

On se demande où on va atterrir. Je suis perdu, je ne m'attendais pas à ce qu'il n'y ait aucune place dans le Sud.

Moi maton, j'ai brisé l'omerta

Paris et sa région, c'est hors de question, trop cher. Et puis je viens de la campagne, je n'ai pas trop envie d'aller dans une grande ville, je préférerais un coin paisible. Le temps passe. On a seulement une dizaine de minutes pour faire notre choix. À chaque place en moins, un petit bruit résonne : bip, bip… Je vois une affectation en Corse. J'ai un copain là-bas, j'hésite à la retenir, mais je ne suis pas sûr de moi. C'est alors que Jean-Pierre me dit : « Viens à Liancourt, il y aura des gens du Nord, comme moi. Les gens sont sympas là-bas ! » Il demande Liancourt. Je me lève ensuite et postule pour Liancourt également. C'est comme ça que je suis parti là-bas. Sur les conseils d'un ami. Je ne pouvais pas savoir que ce choix serait aussi lourd de conséquences.

IV

DÉTOUR PAR LA CASE PRISON DE ROUEN

Le centre pénitentiaire de Liancourt est donc mon premier lieu d'affectation. Je ne vais pourtant y rester que quelques heures le jour où je me présente… Vous allez le voir, cette anecdote en dit long sur la manière dont l'admi-nistration pénitentiaire traite son personnel…

Lorsque nous arrivons avec Jean-Pierre, nous retrou-vons une cinquantaine de nouveaux comme nous. Le directeur, Jean Delpech, et le chef de détention, Bernard Guerre, nous accueillent au « château », un bâtiment admi-nistratif situé à quelques mètres de la détention.

Bernard Guerre fait l'appel puis nous annonce que les travaux ont pris du retard[1] : « Vous êtes trop nombreux ici. Je garde trente d'entre vous, qui vont travailler dans le

---

1. Les travaux à Liancourt visent à construire un centre pénitentiaire, c'est-à-dire un établissement comportant au moins deux quartiers différents, ici une maison d'arrêt, deux centres de détention et un quartier mineurs. Il n'y avait auparavant à Liancourt qu'un centre de détention, qui devait être détruit mais sera finalement conservé.

vieux centre de détention. Les autres vont être dispatchés dans les prisons voisines pour les prochains mois. » Il commence à nous appeler un à un. « Tino ? » « Oui ! » «Vous allez à Rouen. » Jean-Pierre, envoyé à Val-de-Reuil, réussit à échanger avec un collègue et part avec moi.

On est surpris. On ne s'attendait pas à ça. Ils auraient pu nous prévenir au lieu de nous faire déplacer jusqu'à Liancourt. J'avais fait neuf heures de route la veille et voilà qu'il me fallait reprendre le volant. Certains d'entre nous en plus avaient déjà loué un appartement sur place. Je ne sais pas comment ils se sont débrouillés.

On arrive à Rouen en fin de journée. Par chance, on nous attribue une chambre à l'intérieur de la prison, au service de nuit des surveillants. Il y a une salle de repos, une table de ping-pong, une télé, une cuisine, quelques chambres et des douches. Je dis « par chance » parce qu'avec nos salaires de misère – je gagnais environ 1 100 euros à Rouen – il est très difficile de trouver un logement. Les grands établissements pénitentiaires de Paris et d'Île-de-France logent une partie du personnel. Sinon, certains se retrouvent parfois à dormir dans leur voiture. Ça a été le cas d'un copain de promo affecté à Fresnes dans le Val-de-Marne. Il a dormi plusieurs semaines dans sa voiture avant de trouver une colocation avec un collègue.

Détour par la case prison de Rouen

Avec Jean-Pierre, nous choisissons la plus grande des chambres. Elle fait environ quinze mètres carrés. À l'intérieur, trois lits simples et trois armoires. L'un des couchages est occupé par un surveillant qui travaille la nuit et vient se reposer de temps en temps. Il nous réveille chaque fois… Les douches et les toilettes sont sur le palier.

Le lendemain matin, on embauche à huit heures. On récupère nos pass et on les échange contre nos clés. Le soir, c'est l'inverse. C'est comme ça chaque jour en détention. Jean-Pierre est affecté au centre des jeunes détenus et moi, à la maison d'arrêt. Il travaille en journée. De mon côté, j'alterne les jours et les nuits.

Nous pénétrons dans l'enceinte. Nous découvrons une vieille prison délabrée, aux murs craquelés qui suintent d'humidité. Du rez-de-chaussée on peut voir tous les étages. Les cellules s'étendent de chaque côté de la coursive et au milieu est tendu un simple filet de sécurité, pour éviter que quelqu'un – surveillant ou détenu – ne tombe dans le vide.

Je ne vois pas de rats ce jour-là. Je les découvrirai plus tard lors de mes rondes solitaires, la nuit. La première fois que j'en ai vu courir, ça m'a impressionné. C'était au quartier des mineurs. Des rats énormes, de la taille d'un ragondin, me sont passés sous le nez, dans la coursive. C'est là qu'on se dit que la prison doit être vraiment sale…

Moi maton, j'ai brisé l'omerta

À mon arrivée, le chef du rez-de-chaussée me prévient : « Tu vas avoir beaucoup de boulot ici. Ta vacation, tu ne vas pas la voir passer tellement il y a de travail. » Il m'ordonne aussi d'être accompagné d'un collègue pour le sondage des barreaux, de ne jamais m'en occuper seul. Je comprends peu de temps après pourquoi cet avertis-sement. Nous passons devant une cellule scellée, dans laquelle aucun détenu n'est plus affecté malgré la surpopu-lation de la prison : « Celle-là, on ne l'ouvrira plus jamais », me lance le chef, d'un air grave. J'apprends qu'un gardien y a été tué quelques années auparavant. Il était seul venu faire le sondage des barreaux. Le détenu a arraché le mar-teau de ses mains et lui a fracassé la tête.

Je me rends rapidement compte que nous sommes en sous-effectif. Chaque surveillant doit gérer une centaine de détenus. Je suis seul au premier étage. Au début, je ne sais pas par quoi commencer, alors je note mes tâches du jour sur un petit papier que je relis au fur et à mesure, pour me rappeler tout. Cela ne m'empêche pas d'oublier d'envoyer certains à la douche ou au parloir, en ouvrant côté pair au lieu d'ouvrir du côté impair ou vice-versa. Il y a tellement d'infos, tellement de monde ! Je demande régulièrement conseil au gars du rez-de-chaussée ou à celui du dessus ; on s'appelle via nos talkies-walkies. Et je me fais engueuler par les détenus qui attendent.

Détour par la case prison de Rouen

Je me sens à l'aise mais un peu dépassé. En maison d'arrêt ça bouge dans tous les sens, entre les parloirs, les rendez-vous avec le juge, les entretiens avec les avocats, les douches, les repas, le cantinage [1]. Avec le recul, un surveillant pour cent bonhommes et pour cinquante types en même temps sur la coursive, c'est quasi impossible. En tous cas, vraiment insuffisant.

Il faut se dépêcher sans cesse, le temps manque. Je fais attendre les détenus. Si par exemple un type doit aller voir le procureur à neuf heures trente le matin et que je me trouve à ce moment-là à l'autre bout de l'étage, il devra attendre jusqu'à dix heures ou dix heures trente, au moins. Souvent, les chefs ou même la direction nous appellent, demandent ce qu'on fout et nous crient de nous dépêcher. J'imagine que le procureur leur a passé un coup de fil pour se plaindre du retard…

Quand il s'agit d'un magistrat ou de leur avocat, les gars ne s'énervent pas, ils s'en fichent. Par contre pour les parloirs et les douches, ça gueule. C'était une douche collective à Rouen, une sorte de grande pièce qui accueillait plusieurs

---

1. Cantinage : un détenu peut acheter des produits de la vie courante comme de la nourriture, des cigarettes, des timbres, des enveloppes, des produits d'hygiène et d'entre-tien, des journaux, etc. Ces produits viennent en supplément des repas qui lui sont fournis par la prison. Le détenu remplit un bon de cantine qu'il remet à un surveillant. Les produits commandés lui sont ensuite livrés dans sa cellule.

personnes en même temps. On ouvrait la porte, ils rentraient tous et on refermait à clé. On avait interdiction de pénétrer dans la pièce, on surveillait seulement à travers l'œilleton. Ça criait tout le temps. À Rouen de toute façon c'était que ça, toute la journée, que des cris.

Autre problème : le délai de la relève dans les miradors. Tous les jours, le collègue du troisième étage devait échanger son poste avec le surveillant du mirador. Le temps qu'il s'y rende, cela prend plus d'une demi-heure. Il faut descendre, laisser les clés au poste de détention, sortir, rejoindre le chemin de ronde et enfin monter plusieurs étages jusqu'au mirador. Le gars doit ensuite briefer son remplaçant. Pendant plus d'une demi-heure, il n'y avait donc aucun surveillant au troisième étage et du coup, quand je m'occupais du deuxième, j'avais deux cents per-sonnes à gérer tout seul !

La conséquence de ce manque d'effectif, c'est que les alarmes sont déclenchées sans arrêt. Soit les détenus se battent, soit ils s'attaquent aux surveillants. C'est comme ça tous les jours. Mais en y repensant, ça s'explique. Par exemple, un détenu est malade et nous appelle. Mais nous ne pouvons pas lui répondre immédiatement parce que nous sommes déjà occupés à l'autre bout de la coursive, avec quelqu'un qui veut ses clopes. Celui qui a des soucis de santé doit donc attendre quinze à vingt minutes et par conséquent il va s'énerver. Ce n'est pas étonnant que les alarmes hurlent tout le temps. Je comprends les détenus mais aussi les surveillants qui pètent un câble, font un burn out ou se mettent en arrêt maladie.

Si un gars s'agite, on n'a pas trente-six solutions : on « pète » l'alarme. S'il est dans sa cellule, on la ferme. S'il ne veut pas réintégrer sa cellule, on essaie de discuter le plus longtemps possible, le temps que les collègues arrivent. S'il est tout seul, on peut essayer de le faire rentrer de force. On n'a pas toujours le choix, notre vie peut être en jeu si le détenu se montre agressif. Mais attention : il faut vérifier avant tout qu'il n'y a pas trop de monde autour. S'il y a d'autres détenus, on attend les collègues. Tant pis si on se fait insulter de tous les côtés. Tenter quelque chose seul est trop risqué, cela peut se retourner contre nous.

Malgré toutes ces difficultés, je prends un peu de bouteille et commence à trouver ma méthode pour gérer les détenus les plus délicats. Je me rends compte qu'en observant bien la cellule des détenus, même le plus dangereux, on peut trouver les infos pour réussir à les amadouer.

À Rouen, l'un des détenus les plus difficiles était Massimiliano Ferrara, condamné pour trafic de stupé-fiants, un DPS, comme son célèbre frère Antonio. Pour ouvrir sa porte, il fallait trois surveillants et un gradé –
« 3+1 » on disait dans notre jargon. Il faisait le malin,

proclamant haut et fort qu'il était un Ferrara, un gros balèze, qu'Antonio était son frère, etc.

La première fois que je le rencontre, quelques jours après mon arrivée, je lui ouvre la cellule et lui dis bonjour. Il me salue également mais je devine qu'il éprouve une grande animosité envers les bleus, envers tous ceux qui portent un uniforme. Il n'est pas grand, comme Antonio, mais on sent que c'est un vrai bandit. En entrant, j'exa-mine rapidement sa cellule : le mur est couvert de posters de foot, notamment de clubs italiens… Le lendemain, il faut lui ouvrir à nouveau. Je sais bien qu'on est censés venir à « 3+1 », sauf qu'il n'y a personne de disponible à part moi. Je décide de lui ouvrir seul. Je n'en ai pas le droit, mais je le fais quand même. Il est très surpris de me voir entrer sans mes collègues. Je lui dis à nouveau bon-jour, il me répond. Je lui demande ensuite : « Tu aimes le foot ? » « Oui, pourquoi ? » me répond-il d'un air sévère.

«Moi aussi. J'ai vu que tu as un poster de l'AS Roma. C'est mon club préféré. » C'était vrai, en plus mon père est d'origine italienne. On commence alors à parler des joueurs, il voit que je connais les mêmes que lui. La ten-sion disparaît. Il n'y a plus de barrière entre lui et moi. À partir de ce jour-là, je lui ai ouvert seul chaque fois. Les collègues disaient que je faisais une erreur ; « On ne sait jamais ce qui peut se passer » répétaient-ils. Selon moi,

Détour par la case prison de Rouen

tout dépend de la manière dont on parle aux détenus. On en revient toujours à la même chose.

Pendant toute ma carrière, j'ai procédé comme ça. Dès que je repérais quelque chose dans une cellule sur quoi je pouvais rebondir, je lançais : « Ah tu aimes ça ? Moi aussi. » Et ça atténuait l'hostilité du détenu. Je me souviens d'un autre exemple, à Lannemezan. Hakim Tahir, un gros bonnet lui aussi, même s'il était tout jeune à l'époque – vingt-cinq ans à tout casser –, était passionné de sports de combat. On avait commencé à en parler pen-dant une séance de sport. Il était très costaud, il s'entraî-nait tout le temps. Dans la salle de gym de Lannemezan, on avait des gros sacs de frappe, des poids et de nombreux appareils de muscu. À plusieurs reprises, j'ai fait de la muscu avec lui sans mon alarme, que j'avais posée par terre, à côté de moi. J'étais allongé, je levais des barres, lui mettait ses mains en dessous pour les retenir en cas de pépin. S'il avait voulu, il aurait pu laisser s'écraser les barres sur moi, prendre mes clés et s'en aller. Le jour où il m'a proposé de faire de la muscu ensemble, j'étais très méfiant. On se pose des questions, on ne sait pas ce qui peut arriver. Mais je pensais que c'était important de le mettre en confiance, pour avoir une meilleure relation, plus amicale. Pour moi, c'était positif aussi, parce que res-ter deux heures assis sur une chaise à regarder les détenus,

Moi maton, j'ai brisé l'omerta

ça me gonflait. Là, je faisais du sport avec eux, on discutait. D'ailleurs, chaque fois qu'on était au sport, Hakim Tahir me disait : « S'il y en a un qui t'emmerde, tu me le dis ».

Les mois passent. Les travaux à Liancourt ont bien avancé. Je quitte Rouen pour la Picardie mi-février 2004. Le jour de notre retour – le retour des « exilés » –, on se rend dans la nouvelle prison et on entre au PCI[1] avec mon copain Jean-Pierre et Pascal, qui faisait aussi partie de notre promo mais que j'avais juste croisé à l'Enap. Il allait devenir l'un de mes très bons amis aussi. À l'intérieur du PCI, nous tombons sur Marie-Luce, une surveillante un peu plus âgée que nous. Elle nous demande d'où nous venons. Je réponds « du Sud-Ouest », Pascal « d'Angoulême », Jean-Pierre « du Nord ». Elle nous lance alors à Pascal et moi : « Qu'est-ce que vous venez foutre là ? » Le ton monte. Elle nous accuse de venir prendre les places dans le Nord à d'autres collègues. Nous, on n'avait pas demandé à être là. On lui explique la situation, qu'on est stagiaires. Mais elle continue à s'énerver, prétend qu'on n'a rien à faire ici, que le Nord, c'est pour les gens du Nord, pas du Sud. Je lui demande alors où elle va en vacances. « Dans le Sud ! » Évidemment. La chose qu'il ne fallait pas me dire. Je

---

1. Poste central d'informations. Point névralgique des opérations en prison. Les sur-veillants présents dans ce poste donnent les clés à leurs collègues à la prise de service, déclenchent l'ouverture et la fermeture des grilles, contrôlent les écrans de vidéosurveillance.

lui balance : « Qu'est-ce que tu viens nous emmerder dans le Sud en vacances, tu n'as qu'à rester chez toi ! »

J'ai su après que cette fille-là se permettait de rabaisser tout le monde parce que sa belle-sœur était la femme du chef de détention, elle aussi gradée. Elle se sentait protégée.

Ça part donc en vrille dès le premier jour. Pascal et moi commençons à nous rapprocher. Nous sommes les deux seuls du Sud. On se demande ce qu'on fait là. On pense même à arrêter la pénitentiaire. En tant que stagiaires, nous sommes contraints de rester un an minimum avant de pouvoir changer d'affectation. Et encore, la première prison que j'aurais serait à Paris ou en banlieue parisienne, pas à Bayonne ou Bordeaux comme je le souhaite. On se demande comment on va tenir un an dans cette ambiance. En réalité, nous n'étions pas au bout de nos surprises ni de nos peines...

Le directeur de la prison l'avait promis : à notre retour, nous devions avoir des chambres attitrées à l'intérieur du bâtiment pendant quelques mois, en attendant de trouver un appartement. Et ceux qui les occupaient pendant notre séjour à Rouen devaient nous laisser la place et partir. Ils étaient censés avoir trouvé un logement stable entretemps.

Le soir de notre retour à Liancourt, on se rend donc notre sac sous le bras dans le bâtiment où se trouvent les chambres. On tombe sur une quarantaine de surveillants, des élèves sortis tout juste de l'école comme nous. Une discussion surréaliste s'engage. « On est là, on ne bougera pas, démerdez-vous » nous jettent-ils à la figure. Toutes les chambres étaient occupées et aucun ne voulait bouger car ils étaient tous logés aux frais de la princesse. Et comme l'administration n'obligeait pas qui que ce soit à déména-ger, rien ne se passait…

Le chef de détention était au courant de la situation mais ne pouvait soi-disant rien y faire. On a dû se débrouiller le soir même pour trouver un logement. Nous sommes partis dans un hôtel à Beauvais, où nous avons vécu plusieurs semaines, à deux dans une chambre. Ensuite, comme l'hôtel commençait à nous coûter cher et qu'on ne pouvait pas se payer un appart, on a trouvé un camping à un kilomètre de la prison et on y a loué un mobile home plusieurs mois.

On a passé le reste de l'hiver là, à deux. L'air s'infiltrait à l'intérieur ; je n'ai jamais eu si froid de ma vie. On n'avait pas assez de couvertures ; alors on est allés en prendre là où dormaient les autres surveillants, à l'intérieur de la pri-son. Mais ça n'a pas changé grand-chose. On a calfeutré les fenêtres avec du scotch. J'ai fini par prendre les choses en main : je suis allé chez Castorama pour acheter un chauffage à pétrole – ce qui dans les mobile homes est normalement interdit, car dangereux. On dormait avec ça

Détour par la case prison de Rouen

allumé toute la nuit. On somnolait plutôt, inquiets en permanence à cause des risques d'incendie.

Quand on faisait les nuits et qu'on avait donc une journée de repos le lendemain – ça s'appelait une « descente de nuit » –, Jean-Pierre avait fait un choix radical : il rentrait directement chez lui dans le Nord-Pas-de-Calais, à deux cents kilomètres. De mon côté, je faisais de temps en temps les navettes entre Liancourt et Angers, parce que ma copine de l'époque, Samantha, était adjointe administrative pénitentiaire là-bas. Parfois donc, je sortais d'une vacation de nuit et sans dormir faisais le trajet Liancourt-Angers en voiture – presque quatre heures de route. J'allais là-bas, je ne dormais pas de la journée et je repartais le lendemain. J'ai évité plusieurs accidents de justesse.

Ensuite, Jean-Pierre a trouvé une colocation sur Creil. Samantha m'a rejoint à Liancourt, on a loué une petite maison à Beauvais puis un appartement à Pont-Sainte-Maxence. Puis, on s'est séparés. J'ai alors obtenu un studio appartenant à l'administration pénitentiaire. Il était situé juste derrière le vieux centre de détention. On surnommait cet endroit « matonville ».

Ce fut une période noire pour moi. Je regrettais amèrement de ne pas avoir choisi la Corse : j'étais vraiment trop con d'être venu là.

V

MATON : UN MÉTIER DANGEREUX

Côté boulot, nous sommes au départ affectés au vieux centre de détention de Liancourt. Quatre-vingt-dix pour-cent des prisonniers sont des « pointus », des pédophiles et des violeurs, âgés de cinquante à soixante ans en moyenne. Une bonne partie d'entre eux avait contracté la tuberculose à l'époque. Une surveillante aussi.

Ce qui est impressionnant, c'est qu'il y a des trous un peu partout dans le grillage, qu'il suffit d'une pince pour se faire la belle, mais que personne ne s'évade. Les sur-veillants les plus anciens dorment pendant leur vacation au mirador ; c'est pour dire…

Les chauffoirs aussi sont surprenants. Les détenus dorment à vingt-cinq ou trente dans la même pièce, les lits côte à côte, sans qu'il n'y ait aucune bagarre. Ils s'entendent tous bien. À chaque étage, les lits sont alignés comme dans un camp militaire, séparés par un petit muret. De l'autre côté du couloir se trouvent la cuisine et

Moi maton, j'ai brisé l'omerta

la douche communes, auxquelles ils accèdent librement : comme il s'agit d'un centre de détention, les cellules sont ouvertes toute la journée. Ils peuvent aussi se promener dehors quand ils le souhaitent. Le parloir est une seule grande pièce avec des bureaux et des chaises, un peu comme une salle de classe. Aucune séparation, aucune intimité. Le brouhaha est constant. Nous, les surveillants, sommes assis et les regardons. C'est très spécial. Au parloir, on nous demande en théorie de surveiller ce qui se passe et de tendre l'oreille, mais c'est impossible ici, il y a trop de bruit.

On se rend parfois dans le nouveau bâtiment aussi, même s'il n'est pas encore ouvert. L'administration ne sait pas quoi faire de nous. On discute, on fume des cigarettes et, de temps en temps, on fait un exercice de simulation. C'est arrivé qu'ils nous bouclent dans une cellule. C'est Bruno Codevelle, le responsable de la sécurité, qui s'en chargeait. Il nous enfermait et on devait taper à la porte, jouer au détenu. Le but était de voir combien de temps les surveillants mettaient à ouvrir, de réfléchir à quoi faire en cas d'émeute, etc. Mais en réalité, les anciens faisaient ça pour rire. Ils nous enfermaient pendant une heure au lieu de nous ouvrir au bout de dix minutes, comme c'était prévu. On les entendait rire à l'extérieur. C'était comme un bizutage. Une heure dans une cellule, c'est long. Il n'y avait rien dedans, pas d'eau, pas d'électricité. On n'entendait aucun de bruit ou alors seulement les voisins qui tapaient en demandant ce que les anciens foutaient. Personne ne leur répondait. On imagine ce que ça doit être quand on est enfermé dans une telle cellule vingt-deux heures par jour, comme c'est le cas en maison d'arrêt...

Avant l'ouverture du nouveau bâtiment, plusieurs réalisateurs en profitent pour y tourner des scènes : une prison vide, c'est inespéré pour eux. La première séquence du film d'Olivier Marchal, 36 quai des Orfèvres, notamment, a été tournée à Liancourt. On a vu débarquer je ne sais combien de camions, de matériel, de figurants, certains ont enfilé des uniformes de surveillant. J'ai aperçu Daniel Auteuil de loin. Ça a duré quelques jours, puis les vrais détenus sont arrivés.

Je suis affecté d'abord au CD B puis au CD A. Je demanderai ensuite quelques mois plus tard à partir en maison d'arrêt. J'y avais fait tous mes stages, je me trouvais plus apte à travailler dans ce genre d'établissement. Et surtout je préférais être occupé. En maison d'arrêt, les heures passent beaucoup plus vite, il y a plus de choses à faire, il faut bouger tout le temps. La plupart sont des prévenus, ils ont donc des parloirs avocat, des auditions avec le juge, etc.

Nous sommes sept équipes d'une vingtaine de surveillants chacune, répartis dans les différents bâtiments et quartiers du centre pénitentiaire. Je fais partie de l'équipe sept. Petit à petit, un bon groupe d'amis d'une dizaine de personnes se forme. Au début je ne parle quasiment qu'à Jean-Pierre et Pascal. Je fais ensuite la connaissance de Guillaume. Son père était un ancien pilote de course de côte dans le Nord. C'était ma passion aussi dans le Sud… Bref, le courant passe très vite entre nous.

Guillaume était affecté à des quartiers à part, disciplinaire et d'isolement. On ne le rencontrait qu'au moment de la relève. On buvait le café ensemble. On a commencé très vite à se retrouver en dehors du boulot aussi. Dès que j'ai eu mon studio à Liancourt, on y passait toutes nos journées de repos ensemble.

Et puis, il y avait Delphine, ma future femme. Elle m'a raconté bien après qu'au début elle ne pouvait pas me supporter : d'après elle, je ne parlais pas et j'avais le visage fermé. Un air que j'avais adopté après l'humiliation de mon arrivée, quand on m'avait dit que je n'avais rien à faire ici parce que j'étais du Sud… Guillaume était marié à Marjorie, qui travaillait avec nous. Les deux filles se sont très vite entendues. Le reste du groupe provenait de la promo de Delphine, qui suivait la mienne.

Dans l'équipe, il y avait d'autres gars que nous ne fréquentions pas. L'alcool circulait très facilement et trois d'entre eux en apportaient en douce au vieux CD pendant

Maton : un métier dangereux

le service de nuit, alors qu'on passe tous par un portique lors de notre prise de service. Un soir, ils s'en sont pris à Delphine qui faisait la ronde avec une surveillante. Ils étaient complètement ivres et voulaient lui sauter dessus. Ils sont finalement partis sans la toucher.

Dans la pénitentiaire, la très grande majorité du personnel est syndiquée. À Liancourt, je m'engage rapidement en tant que militant. C'est dans mon tempérament. J'étais déjà membre d'un syndicat lorsque j'étais emploi-jeune dans la police. Le droit me passionne. Il y a des lois dans notre pays, et quand elles ne sont pas appliquées, ça me révolte. C'est pareil pour la pénitentiaire : il y a certaines choses que je n'admets pas.

Je prends donc rapidement des responsabilités et deviens numéro deux de Force ouvrière. J'étais le seul chez FO à défendre des collègues de la CGT, de l'Ufap ou d'autres syndicats, qui faisaient appel à moi. Peu m'importait d'où ils venaient, je les défendais, quitte à me faire critiquer ensuite par ma centrale. Mon but était de défendre tout le monde et de faire entendre nos revendications.

Je m'investissais beaucoup, notamment vis-à-vis des collègues qui se disaient agressés. Ils venaient surtout me trouver pour ça. À FO, on les incitait à porter plainte en cas de menaces et de violences. Mais, petit à petit, je me suis rendu compte que les surveillants que je défendais

Moi maton, j'ai brisé l'omerta

étaient parfois en tort. Une fois, j'ai tenu tête au directeur de Liancourt pour demander le transfert d'un détenu qui avait soi-disant frappé un collègue. J'ai appris bien après que le surveillant avait raconté ça pour obtenir un arrêt maladie...

Je n'avais pas peur de monter au créneau. Début 2006, je fais face au directeur de l'administration pénitentiaire en personne. Plusieurs collègues avaient été agressés quelques jours auparavant à l'extérieur de la prison. À l'aube, sur la petite route départementale qui conduit à l'établissement pénitentiaire, une voiture les avait doublés, s'était arrêtée et trois hommes cagoulés en étaient sortis. Les quatre surveillants avaient réussi à s'enfuir mais avaient eu très peur. Pour nous tous, cela était commandité par des détenus de Liancourt. J'avais été interviewé par France 3 Picardie et j'avais expliqué que les insultes et les menaces étaient quotidiennes, que les prisonniers savaient beaucoup trop de choses sur nous et que plusieurs sur-veillants se faisaient même du souci pour leur famille.

À la suite de cet événement, le directeur de l'adminis-tration pénitentiaire en personne, Claude d'Harcourt, est venu nous rendre visite. Il fallait que tout soit nickel, que tout brille. Les portes étaient fermées, les détenus invi-sibles. Une prison modèle, même si pour moi Liancourt n'avait rien d'une prison modèle.

Maton : un métier dangereux

Tous les représentants syndicaux avaient été convoqués dans une grande salle à côté du mess. Claude d'Harcourt lance un tour de table et demande à chacun si tout se passe bien. Un premier représentant syndical – je les appelais les « bisounours » –, prétend que tout va pour le mieux et minimise les agressions. Arrive mon tour. Le numéro un de FO, Cédric, ne voulait pas prendre la parole. Il était chez FO avant tout pour obtenir le poste et la mutation qu'il espérait. Et j'étais une plus grande gueule que lui. Je me lève donc, explique qu'il y a trop d'agressions envers le person-nel, qu'il faudrait être plus nombreux, qu'on commence déjà à être en sous-effectif et que la maison d'arrêt est déjà surpeuplée alors qu'elle a ouvert il y a moins d'un an !

D'Harcourt me coupe la parole, refuse de m'écouter. Je me lève et lui lance : « Que vous soyez président, ministre ou je ne sais quoi, je m'en fiche ; vous allez m'écouter avant de repartir ». J'y suis allé fort… Je réclame du per-sonnel, des caméras de surveillance supplémentaires, bref ce qu'on voulait tous. Il me demande alors mon nom et rétorque que je n'ai pas à lui parler ainsi. Je ne me démonte pas et lui réponds : « Je vous parle comme je veux. Vous n'êtes pas venu uniquement pour déjeuner, visiter les lieux et vous en aller. Si quelqu'un vient ici, c'est pour faire bouger les choses, pas pour dire que tout va bien alors que c'est faux. »

Moi maton, j'ai brisé l'omerta

Un gars à ma droite me tire le bras pour me faire asseoir. Je suis si énervé que j'ajoute : « Puisque c'est comme ça je m'en vais ». Et je me lève. Tout le monde m'a regardé… Puis les gars de FO se sont levés à leur tour, ceux de la CGT aussi et au bout du compte trois syndicats sur quatre ont quitté la pièce.

Le directeur de Liancourt m'a ensuite remonté les bretelles. Et j'ai commencé à être mal vu de la hiérarchie… Au moins, j'avais dit ce que je pensais. C'est mon gros défaut, de dire ce que je pense. Un handicap. La preuve : j'ai dit ce que je pensais et je ne suis plus surveillant.

Ces agressions et cette violence que je dénonçais existent bel et bien en prison. Elles font partie intégrante de notre quotidien. J'ai vu une fois un détenu se faire tabasser. Il était sorti en promenade et marchait tranquille-ment dans la cour. Quelques mètres plus loin, de l'autre côté du grillage, un détenu du bâtiment voisin, le bâti-ment B du centre de détention tout proche, le fixait du regard. Il était là pour trafic d'armes et par la suite s'est évadé de Liancourt. Tout à coup, une dizaine de types ont sauté sur le détenu en promenade et l'ont tabassé. Il y avait du sang partout, le gars était dans un sale état. Le détenu du CD a observé toute la scène avant de tourner les talons. On a su par la suite que c'était lui qui avait commandité l'agression car le détenu passé à tabac avait arraché le sac

Maton : un métier dangereux

d'une petite vieille qu'il connaissait apparemment. Il a peut-être donné le signal, fait un signe de la tête, cligné des yeux... Ça m'a impressionné. Cela voulait dire que d'un bout à l'autre de l'établissement les détenus parve-naient à discuter et à se donner des ordres entre eux.

Les agressions envers les surveillants sont aussi très fré-quentes, comme je l'ai expliqué à d'Harcourt. Je me suis moi-même fait attaquer à deux reprises.

Je me souviens du nom de mon premier agresseur : Kaloua. C'était Schwarzenegger en black ; un gars de cent trente kilos, très costaud, avec des muscles d'acier. L'alarme sonne tout à coup au QD. J'étais juste à côté, dans la nef, cet immense hall où se trouvent les bureaux des chefs, les parloirs, le quartier arrivants[1], et à partir duquel on accède à la détention stricto sensu. Je suis donc l'un des premiers à arriver sur place, au premier étage. J'aperçois un collègue, Jacques, à terre et blessé. Le gros balèze avait pris le chariot de distribution des repas et l'avait balancé sur deux autres gardiens qui gisaient eux-aussi au sol. Une ribambelle de surveillants débarque ensuite. Mais le couloir est exigu. Il y a un mètre

---

1. Quartier arrivants : un détenu est placé à son arrivée en prison dans un quartier spécifique, isolé du reste de la détention, le quartier « arrivants ». Il y rencontre notam-ment un médecin et un membre de la direction.

maximum entre le mur et l'entrée de la cellule ; on ne peut pas tenir de front à plusieurs.

À peine arrivé, je reçois un coup de poing en plein visage. J'ai l'intérieur de la lèvre en sang, la pommette éclatée. Je me coupe aussi la main gauche avec les assiettes cassées qui jonchent le sol. À trois ou quatre – les autres surveillants ne peuvent pas passer –, on se rue sur Kaloua, on réussit à le plaquer au sol et à l'immobiliser pour le mettre en cellule. On le pousse dedans et on maintient la grille fermée pendant que le chef la verrouille. À ce moment-là, je m'en souviendrai toujours, il se recule et nous crache dessus de toutes ses forces. Malheureusement je me trouve juste devant lui et je reçois du crachat par-tout. C'est vraiment dégradant, plus que d'encaisser une claque ou un coup de poing. Ce soir-là, nous serons trois gardiens à partir à l'hôpital.

Quelques jours plus tard, nous recevons une lettre de félicitations du ministre de la Justice. Dès qu'il y a une agression en détention et qu'un surveillant est blessé, il reçoit une lettre. Au bout de trois lettres de félicitations, il est nommé pour monter d'un échelon. Au niveau sala-rial, ça lui fait gagner environ deux ans d'augmentation.

L'autre agression que je subis a lieu dans les cuisines où j'étais affecté certains jours. En général, les détenus qui y travaillent sont calmes. Ils ont déjà été jugés et sont là pour bosser. Le surveillant surveille seul une bonne dizaine de prisonniers. Mais dans la cuisine, il y a beau-coup de couteaux et donc d'armes.

Mon bureau était situé un peu à part, dans une salle attenante à la cuisine. Ce jour-là, tout à coup, un vacarme éclate et j'entends gueuler. Je tombe nez à nez avec un détenu, un couteau à la main, qui voulait planter le cuistot. Les autres détenus crient. Dès que je vois ça, je déclenche l'alarme. Mais c'était un nouvel établissement et le système n'était pas encore au point. L'alarme se déclenche par erreur quelques portes plus loin. Tous les collègues foncent donc là-bas et mettent beaucoup plus de temps à arriver qu'ils ne devraient.

Pendant ce temps, je suis seul au milieu d'une dizaine de détenus dont un armé. Je lui ordonne de lâcher son couteau ; il refuse. Les autres prisonniers réussissent à le convaincre. Mais ensuite il s'approche de moi et m'envoie plusieurs coups de poing. De mémoire, j'en reçois un au visage et deux ou trois, au torse. J'aurais pu le maîtriser mais on réfléchit très vite dans ces moments-là. Et mon premier réflexe est de me dire que si je le maîtrise mais que les neuf autres me sautent dessus, je suis mort. Avec les couteaux qu'il y a partout je suis cuit. Heureusement les détenus du quartier B l'ont finalement maîtrisé puis les collègues sont arrivés. Ils l'ont emmené directement au quartier disciplinaire et je suis parti une nouvelle fois à l'hôpital.

Les représentants syndicaux de l'époque ont demandé le transfert du détenu. On le fait toujours lorsqu'un membre du personnel est agressé. Les chefs aussi le réclament. Et habituellement le prisonnier part dans la journée ou au plus tard le lendemain.

Une semaine après, alors que je déjeune au mess avec un collègue, je vois mon agresseur en train de servir les surveillants. Lorsqu'il me sert, il me jette un regard noir. Il aurait eu une mitrailleuse à la place des yeux, j'étais mort. Si j'avais été seul, il m'aurait à nouveau sauté à la gorge. À cause de moi, il s'était retrouvé au quartier disciplinaire. Les prisonniers n'apprécient pas en général : tu n'as pas tes affaires, tu ne sors qu'une heure par jour en promenade, dans une cour à part et la date de ta libération conditionnelle est repoussée. Ils t'en veulent même si c'est de leur faute.

Ce jour-là, j'ai eu beau me plaindre de cette situation totalement anormale, on m'a fait comprendre qu'il fallait que je la ferme. Je l'ouvrais trop souvent au goût de la direction… Résultat, je ne voulais plus aller manger au mess. Avec mon groupe de copains, nous avons donc décidé de manger le midi dans un kebab en ville.

Tant que ça arrivait aux autres surveillants, je ne me rendais pas compte de cette agressivité. J'avais une relation

Maton : un métier dangereux

correcte avec les détenus. À mes débuts dans la pénitentiaire, ayant pratiqué le sport avec des types des cités, j'étais
plutôt humain. Ils étaient en prison, point barre. J'estimais ne
pas être là pour les juger une deuxième fois. Mais après
m'être fait agresser deux fois en moins d'un an, mon état
d'esprit a évolué. Je me suis dit que les détenus n'étaient
pas tous faciles à gérer, que j'avais peut-être été trop naïf et
qu'il fallait se méfier. On a beau être sympa, cer-tains
peuvent vous planter un poignard dans le dos. J'ai
commencé à avoir moins de patience, à négocier moins
longtemps, à m'imposer plus. Je suis devenu plus dur. Tous
les surveillants connaissent ça, je pense. Le caractère
change peu à peu quand on est surveillant.

Je me pose des questions : qu'est-ce que ça va être,
qu'est-ce que je vais devenir si en moins d'un an je me suis
fait déjà agresser deux fois, sachant que Liancourt n'est pas
la pire prison, c'est pas Fleury, ni Bois d'Arcy, c'est pas
Villepinte… Dans dix ans j'en serai à combien d'agressions ?

Le lendemain de la première, je suis plus nerveux, je
regarde à droite et à gauche sans arrêt, je fais plus attention
à certains détenus. Je lis systématiquement toutes les fiches
pénales. Suivant les condamnations, j'imagine s'il est
possible de calmer un détenu, de le raisonner ou pas. Lorsqu'un nouveau arrive à l'étage, j'appelle le collègue du

quartier arrivants, pour savoir comment il se comporte, etc. Notre équipe a toujours fonctionné comme ça.

Cela n'a malheureusement pas empêché ma compagne d'être attaquée elle aussi. Ce jour-là, je suis à la nef, en train de discuter avec un collègue, lorsque l'alarme retentit au PCI, à quelques mètres de moi. Elle est également répercutée sur nos radios portables. On entend : « alarme agression A1 ». A1, c'est-à-dire le 1er étage du bâtiment A. Là où se trouve précisément Delphine.

Je devine tout de suite que c'est elle qui s'est fait agresser. Logiquement, je n'ai pas le droit de quitter mon poste à la nef car je suis au cœur de tous les mouvements de détenus. Je lance quand même à mon chef : « C'est Delphine, j'y vais ! » Il sait que nous sommes en couple, mais il m'interdit de m'y rendre. Je ne l'écoute pas. Je suis déjà en train de frapper à la porte du PCC[1] pour qu'on m'ouvre et que je puisse prendre le couloir qui mène vers le bâtiment A. Je me souviens très bien que l'agent met du temps à ouvrir car il doit d'abord fermer la porte d'un autre bâtiment. Mon chef arrive, avec un autre supérieur, Philippe Marissal, celui qui nous entraîne au tir et aux gestes d'intervention. Celui-ci me dit : « Tu viens mais tu

---

1. Poste de contrôle des circulations. Pièce blindée depuis laquelle un surveillant commande l'ouverture des portes de son bâtiment.

ne fais rien, tu ne bouges pas, tu ne bouges pas ». Le gars du PCC nous ouvre enfin ; on part en courant ; on entre dans le bâtiment A. Les collègues de ce bâtiment-là ne sont toujours pas arrivés alors qu'ils sont à un ou deux étages du lieu de l'agression. Étrange… Certains surveillants ont peur. Je l'ai constaté plusieurs fois : la bagarre a lieu à droite, mais le surveillant part en courant à gauche…

En arrivant au 1er , je vois Delphine au fond de la coursive, livide, dans les vapes, extrêmement choquée. Elle nous raconte que lorsqu'elle a ouvert la cellule à treize heures pour voir si le détenu, Majid, était en vie, comme le veut l'usage, il lui a demandé où étaient les produits qu'il avait cantinés. Le surveillant précédent n'avait pas dû faire son travail, soit en n'allant pas chercher les produits, soit en ne prévenant pas Delphine qu'il fallait aller les récupérer. Quand elle a répondu à Majid qu'elle n'était pas au courant, qu'elle allait voir ça, il a pété un câble, l'a frappée lui cassant une côte. Elle a réussi je ne sais comment à le repousser dans la cellule ; il faisait pourtant 120 ou 130 kilos, il lui aurait suffi d'un coup d'épaule pour la mettre au sol. Il a ensuite essayé de l'égorger, avec une lame de rasoir. Elle s'est écartée par miracle de la trajectoire de la lame et a réussi à fermer l'un des verrous de la porte.

Une fois Delphine à l'abri de l'autre côté de la coursive, Philippe Marissal me répète encore : « Tu ne le touches pas, on l'immobilise juste, tu ne t'énerves pas ». Il n'arrête pas de tenter de me calmer. Je suis sur les nerfs, je n'attends qu'une chose, qu'on m'ouvre la cellule, quitte à me faire trucider.

Avec mes deux chefs dont Philippe, ce fameux expert en maniement d'armes et en gestes d'intervention, on s'approche de la cellule. Il regarde à l'œilleton et demande au détenu de s'éloigner de la porte. Au moment où on ouvre le loquet, ce dernier sort, une lame à la main. Philippe parvient à lui faire une clé de bras et lui faire lâcher son rasoir. Je lui tombe dessus et lui administre une autre clé de bras. Il est à terre. J'entends toujours mon chef me répéter « tu ne fais rien, surtout tu ne fais rien ». Je me retiens, je ne sais pas comment mais je me retiens. Je pense que le détenu a dû avoir très mal. Ma clé de bras n'était pas des plus tendres.

Puis on l'a amené directement au QD. Les autres collègues arrivent enfin. Ils accompagnent Delphine à l'UCSA[1] d'où elle est transportée aux urgences de l'hôpital de Creil.

Je mets du temps à me calmer. Il me faut aussi beaucoup de cigarettes et de café. Le nouveau directeur de l'établissement, François Aussant, m'appelle ensuite. Il me

---

1. Unité de consultation et de soins ambulatoires. L'UCSA est un service médical situé dans un établissement pénitentiaire. Depuis 2013, elle a changé de nom et s'appelle USMP, Unité sanitaire en milieu pénitentiaire.

donne ma journée pour rejoindre Delphine à l'hôpital et m'accorde quelques jours de repos pour rester avec elle. C'était quelqu'un d'humain.

À mon retour, je travaille à nouveau à la nef. J'entre au quartier arrivants, et sur qui je tombe ? Majid. Je pen-sais qu'il avait déjà été transféré. Il était sorti du quartier disciplinaire parce que les médecins avaient jugé son état incompatible avec les conditions de détention en QD. Là, je sors de mes gonds. Je suis très énervé. J'indique à ma hiérarchie qu'il faut qu'il dégage très vite et que jusque là, ils n'auront rien à attendre de moi. Je n'ouvrirai pas sa cellule. Je me contenterai de regarder s'il est vivant, de lui ouvrir pour la promenade et son repas parce que c'est mon rôle de surveillant mais sinon il n'aura rien. Le lende-main même, il est transféré ailleurs.

Une semaine plus tard, je suis de retour à la nef. Je bois un café avec Guillaume. Il propose de m'accompagner dans ma ronde avant de faire la sienne. Il faisait son tour dix minutes après moi en général. On va tout au bout du couloir et on remonte les cellules les unes après les autres. On ouvre la 10, la 9, la 8, la 7… « Bonjour, tu voudras aller en promenade aujourd'hui ? »… On arrive à la cellule suivante et on voit le nom de Majid. Il était revenu chez nous sans que   j'en   sois   averti.

Moi maton, j'ai brisé l'omerta

J'ouvre, il me reconnaît tout de suite et commence par insulter ma compagne : « C'est toi le mari de la pute ? » Je lui réponds : « Tu ne parles pas comme ça et tu n'auras rien de moi ». Au moment où je m'apprête à ressortir de la cellule, il enchaîne : « De toute façon, ta femme, c'est une grosse salope ». Deuxième insulte. C'est alors que je pars en vrille, que tout explose. S'il avait fermé sa gueule, il ne se serait rien passé… Je me vois rentrer à nouveau dans la cellule, prendre mon alarme et mes clés, les donner à Guillaume et dire à Majid : « Tu vois je n'ai pas d'alarme, pas de clés. Maintenant on va régler nos comptes. Viens. » Je pense qu'il était surpris et qu'il n'a pas eu le temps de se protéger. Il n'imaginait pas que j'allais le frapper. Je lui ai collé mon poing dans la figure. Ensuite, je ne me sou-viens pas exactement où j'ai cogné. J'éprouvais tellement de rage, tellement de haine… J'ai senti quelqu'un me tirer en arrière. C'était Guillaume qui me sortait de la cellule. Je l'entends encore me crier : « Arrête, arrête, arrête ! » Il ferme la cellule. Je suis dans un état de nerfs inimaginable. Heureusement qu'il est intervenu. J'aurais pu tuer Majid et finir derrière les barreaux. Ce jour-là, j'ai vraiment pété un boulon.

Le chef de poste et la hiérarchie savaient que j'étais à l'étage, où était enfermé l'agresseur de ma femme, mais personne ne m'a rien dit. Ils auraient pu me prévenir qu'il

Maton : un métier dangereux

était revenu avant que je me rende au quartier arrivants.
Lorsqu'on est entrés dans le bureau du chef, il a vu mon état
et je pense qu'il a tout de suite compris. Il a dit : « Je n'ai rien
vu. On va le transférer en urgence. » Je me sou-viens avoir
ajouté : « En urgence, oui, il vaut mieux ». Il a été déplacé
l'après-midi même.

La majorité des surveillants n'a jamais su ce qui s'était
passé. Il n'y a jamais eu de suite. Je n'ai jamais été
convoqué par ma hiérarchie. Je pense que le chef de poste
m'a couvert. C'est la seule fois de ma vie où j'ai levé la main
sur un détenu.

VI

7 NOVEMBRE 2006, CELLULE 143

Je n'ai frappé un détenu qu'une seule fois et dans des circonstances exceptionnelles même si cela n'excuse rien : il avait manqué de peu de tuer ma compagne. Mais pour certains surveillants à Liancourt, maltraiter un prisonnier était une pratique habituelle.

Le 7 novembre 2006, je suis au C1, au premier étage de la maison d'arrêt, dans le côté réservé aux activités. Je gère les consoles de jeu, le ping-pong, les jeux de carte, etc. Les détenus y sont enfermés dans une pièce ; je suis chargé de les surveiller. Bruno Codevelle et Maxime Caux, deux de mes supérieurs, travaillent là aussi, dans le bureau d'à côté. Ce jour-là, Codevelle remplace le chef du bâtiment. Il est donc responsable de toute la maison d'arrêt. Maxime Caux est son adjoint. Les deux traînent toujours ensemble.

On reçoit un appel annonçant que Siné D. va arriver à notre étage. Ça fait déjà plusieurs mois que je côtoie ce détenu. C'est une grande gueule, qui passe beaucoup de temps au quartier disciplinaire. Il vient de Creil, l'une des villes de France où il y a le plus de délinquance. Si on ne le connaît pas, on pense tout de suite qu'il est agressif. Mais son attitude dépend beaucoup de la façon dont on le traite. J'ai vu plusieurs fois des surveillants lui parler mal, lui claquer la porte au nez par exemple.

Codevelle et Caux nous annoncent la couleur : « Lui, on va le mettre en chien, il a agressé un surveillant (j'ai su plus tard que c'était faux), il n'aura rien ». Ils se dirigent vers la cellule C143. Je n'oublierai jamais ce numéro. Ils ouvrent la porte et vident la cellule sous mes yeux, emportant le paquetage[1] de Siné D. Ils enlèvent même son matelas.

Siné est emmené dans la cellule par un surveillant de l'étage. Il tambourine aussitôt à la porte. C'est logique ; il n'a plus rien. Codevelle et Caux se lèvent. Ils nous demandent à deux collègues et moi de les suivre. Arrivés devant la cellule de Siné, ils enfilent chacun leurs gants de maintien de l'ordre. Ces gants font partie de notre tenue ; on les porte sur nous en permanence. Ce sont les mêmes

---

1. Paquetage : lorsqu'un détenu entre en prison, il reçoit son « paquetage », c'est-à-dire un sac contenant une housse de matelas, des draps, des couvertures, des produits d'hygiène (brosse à dents, dentifrice, crème à raser, rasoirs jetables, papier hygiénique, savon, serviette et gant de toilette), de la vaisselle (assiette, verre, bol, cuillère à soupe et à café, fourchette, couteau) et un kit de correspondance.

que ceux des CRS. Mais on les utilise très rarement, seulement si le détenu saigne, s'il tient un couteau ou s'il y a le feu par exemple.

Je reste dans l'encadrement de la porte avec mes deux autres collègues. La cellule de Siné est au début du couloir. Juste derrière la grille, sur la coursive, à quelques pas de nous, se tient une infirmière. Je la vois d'où je suis. Elle se demande ce qui se passe. Elle n'est partie que lorsqu'ils ont refermé la porte. Elle a donc tout entendu.

Ils entrent et là, bim bam boum : ils cognent Siné un peu partout. Il tombe sur son lit et ils referment la cellule. Je regarde sans rien dire ; ce sont mes chefs. Ils ont un grand sourire aux lèvres et l'air contents d'eux.

Je ne pensais pas qu'ils allaient le massacrer en entrant, qu'ils allaient le tabasser sous nos yeux. Je pensais que ça commencerait par une engueulade... Les premiers coups m'ont surpris. J'ai regardé jusqu'à ce qu'ils referment la porte. Je me disais : quelle bande d'abrutis, qu'est-ce qu'ils foutent dans l'administration...

Je repars à mes activités et reste assis sur ma chaise un long moment, sans dire un mot. Petit à petit, je sens la colère monter. Brusquement, je me lève. Il est dix-huit heures. Je finis normalement une demi-heure plus tard mais je décide de partir. L'agent du PCI est surpris que je lui rende les clés si tôt. Je lui dis : « C'est comme ça, t'occupe pas, donne-moi le jeton [1] ». À ce moment-là Elphège Zamba, le chef de détention, m'accoste. Il me demande où je vais et m'ordonne de rester puisque j'ai encore une demi-heure à faire. Je lui dis que j'en ai marre, que ça ne va pas, sans plus de précisions. Et je quitte la maison d'arrêt.

D'après ce que j'ai compris plus tard, Zamba a envoyé immédiatement le chef de poste, Karimou Tambadou, voir ce qui s'était passé et ce dernier a conduit Siné directement chez le médecin. Vu mon état et mon refus d'obéir, Zamba avait dû se dire qu'il se passait quelque chose de grave.

Le lendemain matin, à la première heure, Zamba m'attend. Il exige que je le suive dans son bureau et me demande ce qui s'est passé la veille. Je réponds : « rien ». Je savais que je subirais des représailles sinon. Il me laisse partir. Je finis ma vacation.

Le surlendemain matin, je suis en voiture avec Delphine lorsque je reçois un appel de la gendarmerie de Clermont dans l'Oise. Le gendarme Braud me convoque le samedi suivant. Il me questionne : « Vous savez pourquoi vous êtes convoqué ? » Je réponds que oui, que c'est au sujet de

---

1. Les surveillants doivent donner un jeton le matin en arrivant pour récupérer leur trousseau de clés et inversement le soir.

la récente agression que j'ai subie. Je venais de me faire agresser par le gars des cuisines je pensais donc que c'était lié à ça. Il me répond : « Non, rien à voir. C'est à propos de choses que vous avez vues. » Là, je comprends tout de suite.

J'appelle le directeur de la prison, Aussant, et l'informe que je suis convoqué à la gendarmerie ce samedi alors que je dois prendre mon service à Liancourt. « On va se débrouiller, on va te couvrir pendant ton absence, on dira que tu es en arrêt. Il faut que tu y ailles », me répond-il.

Je pense que c'est Zamba qui a alerté la gendarmerie. Je ne vois pas qui ça pourrait être d'autre. Je me retrouve donc face au gendarme Braud, de la brigade de Clermont, qui m'interroge sur ce qui est arrivé à Siné D. Dans un premier temps, je réponds qu'il ne s'est rien passé. Il lève son stylo et me demande si j'ai peur de quelque chose. Je lui réponds que oui, que je veux garder mon boulot et que j'ai des gamins à protéger (ma compagne avait trois enfants que j'élevais avec elle). Il décroche son téléphone et une heure après le procureur de la République débar-que. C'est une femme. Elle me déclare d'un ton ferme :

«Vous avez deux solutions : soit vous me dites ce qui s'est passé, on vous protège et on s'arrange avec le ministère pour vous accorder la mutation que vous souhaitez, soit vous ne dites rien, je dépose plainte contre vous pour non-assistance à personne en danger et vous passez derrière les barreaux ». Ce n'était pas la première fois que Codevelle et Caux s'en prenaient physiquement à des détenus. J'en avais assez de cautionner ce type de comportements en me taisant. Codevelle et Caux s'attaquaient toujours à plus faibles qu'eux, à ceux qui n'avaient pas de gros casiers. Je trouvais ça complètement injuste. J'hésitais à parler parce que je savais que ça risquait de m'embarquer dans une voie dangereuse, même si j'étais à dix mille lieues d'imaginer à quel point. Mais j'avais peur aussi de me retrouver derrière les barreaux... Que je parle ou pas aurait des conséquences. Braud confirme que les services de gendarmerie vont tout faire pour me protéger. Je me jette à l'eau et balance ce qui s'est passé.

Le gendarme me pose bientôt une question : « Est-ce que Codevelle et Caux ont l'habitude de frapper des détenus ? » Je lui réponds que généralement, lorsqu'ils mettent les gants de maintien de l'ordre, c'est pour frapper des détenus. Bref, je lui fais comprendre que oui, c'est habi-tuel. Et ce ne sont pas des paroles en l'air. Codevelle et Caux, tous les deux chefs, étaient proches d'un groupe de l'équipe quatre, qui travaillait en maison d'arrêt et que les détenus surnommaient les « SS ». Un surnom sans ambigüité… Lorsqu'il parlait d'un détenu, Codevelle ne disait pas « Va me chercher Dupont ou Durand », non. Il disait systématiquement : « Va me chercher le GB ». GB, ça voulait dire Gros Bâtard dans son langage… Toute l'équipe quatre utilisait ces termes : « Gros Bâtard ».

En maison d'arrêt, après l'appel du matin pour vérifier que tous les détenus sont en vie, nous avions quarante-cinq minutes de calme pendant lesquelles ceux qui fai-saient la même vacation buvaient le café ensemble. C'était une tradition. Personne n'aimait ce groupe de l'équipe quatre. Ils se vantaient de maltraiter les détenus comme si c'était un exploit : « Il a mis un drapeau[1] mais j'en ai rien à foutre. De toute façon c'est une merde » ; « Cette nuit, avec le chef Thierry, on a mis les tenues de combat et on a fait du rugby dans la nef » ; « On a pris les lances à incendie et on a aspergé les gars du quartier disciplinaire avec », etc.

Je suis avec Pascal lorsqu'ils racontent tout ça. On reste muets, on ne fait pas de remarques. On ne les félicite pas non plus. À ce moment-là, c'est encore abstrait pour moi ; je n'ai encore rien vu de mes propres yeux.

---

1. Drapeau : lorsqu'un détenu veut attirer l'attention d'un surveillant, il peut soit appeler et taper sur la porte de sa cellule (s'il considère que c'est urgent) soit mettre un «drapeau», c'est-à-dire glisser une feuille de papier entre le montant de la porte et celle-ci. Le surveillant, lorsqu'il voit le « drapeau », sait que le détenu souhaite lui parler.

Moi maton, j'ai brisé l'omerta

Il y a eu aussi l'affaire Tranquille. Le 23 mars 2006, au bâtiment A, une alarme agression retentit. Elle concerne un détenu nommé Olivier Tranquille. Il se plaint d'un problème de cantine ; on lui a facturé quelque chose qui ne lui a pas été livré. Le surveillant présent ce jour-là affirme que Tranquille l'a agressé. L'auxiliaire d'étage, qui était juste à côté, livre lui une tout autre version : c'est le maton qui se serait jeté sur le détenu. Après un passage à l'hôpital, Tranquille est placé au QD. Il entame une grève de la faim et menace de se suicider si on ne lui donne pas le paquet de clopes qu'il a cantiné. Codevelle, qui se trou-vait au QD alors qu'il n'avait rien à y faire, lui aurait répondu à l'interphone : « Tu n'as qu'à te suicider ». Olivier Tranquille a été retrouvé pendu dans sa cellule un peu plus tard. Sur un mur, il avait écrit : « J'ai assez subi des magouilles de la justice. J'ai appelé plain (sic) de fois en vain. »

Delphine et moi, on connaissait Tranquille. On avait eu à le gérer en détention. Ce soir-là, on est sous le choc. C'était une grande gueule, mais comme l'indique son nom, il était « tranquille ». Ça surprend, un suicide, à trois semaines de la sortie. Ça trouble certains surveillants, on en parle entre nous pendant quelques jours. Et puis on passe à autre chose.

7 novembre 2006, cellule 143

Cinq mois plus tard, nouvelle affaire. Pascal est à l'étage, en maison d'arrêt. Un détenu, Djamel Zerfaine, refuse soi-disant de changer de cellule. Il est transféré au QD pour refus d'obéissance. Dans l'escalier qui descend au quartier disciplinaire, il n'y a pas de caméra de sur-veillance. C'est là où Thibault Chauchoy, de l'équipe quatre – toujours la même – lui aurait balancé deux violents coups de coude au visage en criant : « J'adore sentir le sang, je suis comme les requins ! » Il y avait aussi Bruno Codevelle dans l'équipe ce jour-là.

C'est Pascal qui me raconte que Zerfaine est parti au QD, mais il ne sait pas à ce moment-là ce qui s'est passé dans l'escalier, il n'a pas entendu crier. Lorsque vous êtes au 3e, il y a une porte actionnée par le PCC qui ouvre sur l'escalier. Une fois la porte fermée, on n'entend plus rien, uniquement ce qui se passe à son étage. Tout en bas, Guillaume qui travaille au QD ce jour-là voit arriver le type en sang. Chauchoy et toute la clique sont très énervés, ils disent que Zerfaine a agressé un surveillant. En général, on croit le collègue… Guillaume ne sait pas ce qui s'est réellement passé.

Enfin, il y a l'épisode de Siné D, en novembre. Trois affaires en neuf mois. Cela fait beaucoup. Lors de l'inter-rogatoire, j'ai le sentiment que le gendarme Braud veut absolument mener à bien son enquête pour faire le ménage à Liancourt. C'est la même chose pour Aussant, le directeur. Quand je l'appelle après avoir été convoqué par la gendarmerie et qu'il m'encourage à témoigner, il me dit qu'il en a marre de tout ça, qu'il faut que ces surveillants tombent. Depuis, c'est lui qui a sauté à cause de ces affaires. Il a dû quitter Liancourt peu de temps après, poussé vers la sortie.

Braud me parle également de Zerfaine pendant l'interrogatoire. Il me demande si je sais qui l'a frappé. Je n'en sais rien à l'époque. Il me dit que de toute façon il y a une enquête en cours et qu'ils vont trouver le ou les coupable(s).

Quelques jours après mon premier témoignage, la gendarmerie convoque officiellement les surveillants présents le jour de l'agression de Siné, Jérôme Emery, Sandrine Delbecq et moi-même. Je viens en fait pour la seconde fois mais personne n'est censé être au courant.

Pour me protéger, ils me proposent de rédiger deux procès-verbaux. Un premier dans lequel est consigné mon véritable témoignage, signé de ma main et envoyé sous scellés au tribunal de Beauvais et un deuxième, qui reste-rait à la gendarmerie pour me protéger si quelqu'un se mettait en tête de découvrir qui a parlé… Ce PV serait quasiment mot pour mot, le même que celui d'Emery. Ils m'ont dit : « Comme ça, vous serez couvert ».

Emery, lui, n'a rien révélé lors de son interrogatoire. Il n'a rien vu, n'était au courant de rien. Il reconnaissait que Codevelle et Caux étaient allés dans la cellule de Siné mais prétendait qu'il n'y avait rien d'anormal à signaler. Bref, il a menti, comme le font quasi systématiquement les surveillants lorsqu'ils sont interrogés sur d'éventuels dérapages de leurs collègues, soit par solidarité et défense des mêmes « valeurs », soit par crainte de représailles.

Braud me lance ensuite : « S'il y a quoi que ce soit, vous m'appelez, je suis joignable vingt-quatre heures sur vingt-quatre ». Et il me laisse même son numéro de por-table personnel : il devait se douter que je risquais gros pour me le donner. Je me dis ça avec le recul. Sur le moment, je ne pensais pas que j'aurais besoin de le rappe-ler aussi rapidement...

Je ressors de la gendarmerie, complètement lessivé. Ma femme m'attend dans la voiture. Je me pose une foule de questions. Je me demande ce qui va se passer quand je retournerai à la maison d'arrêt.

J'ai peur de ce qui peut arriver. Tout se sait très rapide-ment en prison. En même temps, je me dis : tant mieux s'il y a une enquête, ça va s'arrêter, ils vont être éjectés. L'ambiance était pesante à la maison d'arrêt depuis quelques mois, les détenus se montraient de plus en plus agités, il y avait eu un mort, des coups. Je pense qu'une émeute aurait éclaté si je n'avais pas parlé.

Je pense aussi qu'il faut que je parte de là le plus vite possible et que je me fasse muter à Bayonne, où je rêve d'aller. Dans ma tête, c'est quasiment fait. C'est le deal. Je me dis : je vais retourner chez moi et repartir à zéro. J'ignorais qu'on allait m'identifier aussi vite.

VII

LA « BALANCE »

Lorsque je retourne à la prison de Liancourt, après mon témoignage à la gendarmerie, je ressens une pression monu-mentale. Je dois faire attention à ce que je dis, mentir sans en avoir l'air, me montrer à l'aise. Tout le monde grogne :

«Qui a balancé ? Faut trouver l'enfoiré qui a fait ça ! » Moi j'entends tout ça et je joue la comédie. Jérôme Emery sait que j'ai été convoqué comme lui, on en parle tous les deux dans le bureau du C1, le 1er étage du bâtiment C. Je le laisse raconter son interrogatoire à lui et j'enchaîne : « Ah bon t'as dit ça ? J'ai dit pareil. » À cet instant, il ne se méfie pas de moi. Ça se voit, il ne me soupçonne pas.

Le problème, c'est que Codevelle a le bras très long. C'est lui qui a dû réussir à obtenir mon nom ; j'en mettrais ma main à couper. Codevelle connaissait tout le monde, notamment des gendarmes. En tant que chef adjoint de la maison d'arrêt, il était souvent en lien avec eux lorsqu'ils venaient interroger des gars en détention.

Moi maton, j'ai brisé l'omerta

J'en ai parlé au gendarme Braud la dernière fois que je l'ai eu au téléphone, il y a plusieurs années de cela. Il m'a certifié que ce n'était pas lui qui avait donné mon nom. Je le crois. Chaque fois que je l'ai appelé, il a répondu présent. Je n'ai pas de raison de me méfier de lui. Mais il a sous-entendu qu'il y avait eu des fuites…

Je me souviens d'un matin, à la maison d'arrêt, où je m'efforce de cacher mon malaise. Ce jour-là, tout le monde veut trouver le coupable, la « balance ». Certains prétendent que Siné n'a pas été frappé. D'autres qu'il faut absolument dénicher le traître et lui régler son problème. Ça ne parle que de ça. J'ai encore en mémoire cette image de Codevelle et de Caux qui font les cent pas dans la nef. Codevelle gueule à quelques mètres de moi : « Quelqu'un nous a balancés. Il ne faudrait pas que je me retrouve en garde à vue à cause de ce type-là sinon ça va aller très loin, ça va barder. » Je sens la peur m'envahir. En général, je suis plutôt courageux, mais là, la panique me submerge. Je me demande ce qui va m'arriver.

La tension monte encore d'un cran lorsque je découvre ce qui a été déposé sur mon bureau, au 2e étage de la maison d'arrêt, au C2. En arrivant, j'ouvre la porte et découvre un origami sur le bureau. Pas n'importe quel origami : une potence et un pendu au bout. Nos plannings sont affichés dans l'établissement ; tout le monde sait que

La « balance »

je suis affecté à ce poste ce jour-là. Ça m'est clairement destiné. J'appelle immédiatement deux de mes chefs :

«Dépêchez-vous, venez tout de suite, il y a un objet déposé sur mon bureau au C2, c'est grave ».

Ils débarquent quelques instants plus tard, un appareil photo à la main. Ils prennent l'origami en photo mais cherchent à dédramatiser ces menaces de mort, en prétendant qu'elles ne me sont pas adressées. Je suis très énervé et leur répète que ce n'est pas moi la « balance » mais en même temps, mon comportement et mon agitation disent tout le contraire…

Le soir même, je suis normalement de nuit. Je dois retourner travailler. Je suis encore à la maison avec Delphine et deux couples d'amis lorsque Pascal m'appelle. Lui aussi est de service, ce soir-là. Il me lance : « Il va falloir qu'on parle cette nuit. On m'a dit que c'était toi qui avais donné les noms de Codevelle et Caux. » Je raccroche tout de suite. En fait – je l'ai su bien plus tard – Pascal voulait seulement me dire de me méfier, me prévenir que si je faisais la nuit je devrais me tenir sur mes gardes et qu'il pouvait m'arriver une tuile parce que mon nom avait circulé en détention. Mais sur le moment, j'ai cru que Pascal était remonté contre moi, comme les autres.

Ce coup de téléphone, c'est la goutte d'eau qui fait déborder le vase. Je crie à mes amis qui sont au courant de ce que j'ai révélé aux gendarmes : « Je ne peux pas faire la nuit, je ne peux pas. Ils vont me tuer, ils vont me tuer. » Sandrine, l'une de mes amies, décroche alors le téléphone et appelle le chef de poste pour le prévenir que je suis malade et que je ne viendrai pas travailler. Je commence à trembler de partout, pris d'une peur panique. Je m'effondre sur mon lit, en répétant « je ne peux pas, je ne peux pas, je ne peux pas ». J'appelle Aussant, le directeur, sur son portable. Il me rassure : « Vous n'allez pas faire la nuit. On vous couvre. Mettez-vous en arrêt maladie. » Le lendemain, je me mets en arrêt maladie pour dépression. Je ne retournerai plus jamais à Liancourt.

Avec le recul, je pense que j'ai bien fait de ne pas prendre mon poste cette nuit-là. Aucun de mes amis ne travaillait à part Pascal. Dieu sait ce qui se serait passé. La nuit, il n'y a pas grand-monde dans la prison. Le chef reste en général dans sa chambre… On peut prendre des coups sans que personne ne le voie.

À cette époque, ma femme travaille toujours dans l'établissement. Des rumeurs circulent à droite à gauche, affirmant que c'est moi qui ai parlé, qu'ils vont me coin-cer, etc. Nous habitons alors à Quinquempoix, un petit village de quelques centaines d'habitants situé à trente kilomètres de Liancourt. Un matin au réveil, alors qu'il a

La « balance »

neigé la nuit, je découvre des traces de pas dans la neige. C'était très compliqué d'entrer dans notre propriété. La maison était entourée de murs très hauts, il y avait une grande grille à l'entrée et ensuite une petite porte en bois. Il fallait absolument passer par dessus le mur pour pénétrer à l'intérieur. Or, ce matin-là, des traces de pas conduisent de la petite porte en bois à notre porte d'entrée et se poursuivent le long de la maison, du côté des fenêtres, tout autour. Je préviens immédiatement Braud, le gendarme et Aussant, mon directeur.

Aussant décide de retirer mon épouse de son équipe, de la mettre « en protection » en l'affectant au BGD, le bureau de la gestion de la détention. Pour s'y rendre, il faut passer devant les bureaux de tous les chefs dont celui de Zamba, le chef de détention. Elle est donc en sécurité.

Braud lui me place en protection vingt-quatre heures sur vingt-quatre. Il est convaincu comme moi que quel-qu'un est venu la nuit pour essayer de me faire du mal.

À partir de ce jour, on pouvait apercevoir le soir, depuis la fenêtre de notre chambre, une voiture de la BRI[1] garée devant chez nous. Elle y restait toute la nuit. Le jour, elle

---

1. Brigade rapide d'intervention. Unité de la gendarmerie nationale, chargée de la lutte contre la délinquance et de l'insécurité routière mais aussi des escortes et des transports rapides.

faisait des rondes régulières autour de la maison. Quant à moi, je m'installe sur le canapé face à la porte d'entrée pour faire le guet. Je fais monter les petits qui dormaient au rez-de-chaussée à l'étage avec ma compagne. Je reste seul en bas, allongé sur mon canapé, en alerte permanente. Je ne dors quasiment plus. J'ouvre les yeux au moindre bruit. Et je m'arme, au cas où. J'ai prévenu Braud : « Le premier qui entre, je le plante ». Je suis prêt à tout pour protéger ma famille.

J'avais des armes blanches à la maison depuis long-temps. Mes parents m'avaient offert une dague lorsque j'étais tout jeune. Ils l'avaient achetée en Espagne. Elle était bien pointue et son manche, orné d'une tête et d'ailes de dragon. J'étais un fana de dragons à l'époque… Après avoir vu ces traces de pas dans la neige, j'étais allé dans une armurerie de Clermont en acheter une autre pour me défendre, beaucoup plus pointue encore. J'en cachais une sous les coussins du canapé et l'autre dans une niche de la cheminée située près de l'entrée. J'en voulais deux pour avoir le temps d'en attraper au moins une en cas de problème.

Je suis dans un état de fatigue extrême. Le fait qu'il y ait une voiture de gendarmes devant notre porte ne change pas grand-chose à mon angoisse. C'est comme pour les protections de témoins : ils continuent à avoir peur. Je me fais des tas de films dans ma tête. Dans la pénitentiaire, on croise des détenus qui sont parfois prêts à tout. Je me dis que s'agissant des surveillants qui veulent ma peau c'est pareil, qu'ils sont prêts à tout pour se venger. Je les vois débarquer à plusieurs, fracasser les flics avant de s'attaquer à nous… J'imagine le pire.

Je dors ainsi sur le canapé, mon couteau sous l'oreiller, pendant près d'un mois. Pour Noël, ma compagne Delphine m'offre une boîte. Je l'ouvre. À l'intérieur, se trouve une autre boîte. Je l'ouvre également. J'y découvre une tétine minuscule. Là, je comprends tout de suite. Je vais devenir papa. Je suis très heureux. Enfin un moment de bonheur au milieu du cauchemar… Mais quinze jours plus tard, alors que Guillaume et sa femme Marjorie sont à la maison, Delphine a soudain très mal au ventre. Elle part
à l'hôpital de Clermont avec Marjorie. Quelques heures plus tard, elle m'appelle en pleurs : elle a perdu le bébé. Sur le compte-rendu médical, est écrit : « trop de stress ». J'entre dans une rage folle. On ne pourra jamais savoir avec certitude ce qui a provoqué cette fausse couche, mais Delphine est très angoissée par ce qui nous arrive et je ne peux pas m'empêcher de me dire que c'est lié.

À partir du moment où je suis en arrêt maladie, je reste enfermé chez moi 24 heures sur 24. Je ne sors même plus faire les courses. On se fait livrer par Hourra. Je me terre, la peur au ventre. On avait un gros chien, un montagne des Pyrénées, qui dormait normalement dehors. Je le laisse entrer pour qu'il monte la garde près de moi. Je passe mon temps à épier par la fenêtre. Je n'allume pas la télévi-sion. Je veux pouvoir guetter le moindre bruit à l'extérieur. Je suis comme en planque, en sous-marin. J'attends. Je redoute en permanence une possible intrusion. Les heures passent lentement. Il y en a où je suis plus tranquille que d'autres, celles où Codevelle et Caux sont au travail, durant la journée. Mais ensuite ça recommence. Je fume quasi-ment deux paquets de cigarettes par jour. Je sors unique-ment pour ça, pour m'acheter des clopes. Et je suis toujours sur le qui-vive : j'emporte avec moi l'une de mes dagues, que je cache dans la voiture, sous le siège passager, au cas où…

La nuit, le téléphone sonne sans relâche. Au bout du fil, personne. Ça raccroche chaque fois. De quoi devenir dingue… Je reçois des textos aussi. J'en ai conservé un dans mon ancien téléphone : « On te retrouvera toujours ».

Le jour, je reçois également des appels. Le secrétaire régional de FO, mon syndicat, et son adjoint me contactent régulièrement. Ils me disent : « On sait que c'est toi. Tu n'aurais pas dû balancer les collègues. Ça ne se

La « balance »

fait pas. » Et moi je réponds inlassablement que ce n'est pas moi. Il faut que je continue de nier. Je savais qu'avec Delphine, on allait être mutés, j'essayais de jouer la montre. À la fin, lors des derniers appels, ils me demandent de revenir sur mon témoignage. Mais jusqu'au bout je nie, et eux savent très bien que je mens.

Je craignais que les surveillants s'en prennent non seulement à moi mais aussi à ma compagne, étant donné qu'elle travaillait aussi à la prison de Liancourt. C'était un gros risque selon moi. Et je ne me trompais pas.

Durant cette période, Delphine mangeait au mess le midi. Au départ, elle entendait des gens se demander qui était la balance. À la fin, ils disaient « on sait qui c'est » et ne lui adressaient plus la parole. Elle a alors arrêté d'y aller pour déjeuner en ville toute seule. Un soir, alors qu'elle finit son service autour de dix-huit heures, un vieux surveillant des ateliers arrive derrière elle et tente de la frapper. Heureusement un autre gardien, le lieutenant Le Guellec, qui sortait juste à ce moment, est intervenu pour stopper l'agression. Il s'en est fallu de peu.

Delphine a toujours approuvé ce que j'ai fait. Elle pen-sait que j'avais eu raison de dénoncer ces violences. Elle ne m'a jamais reproché d'avoir parlé. Elle aurait pu pourtant, étant donné toutes les épreuves qu'on a traversées.

Moi maton, j'ai brisé l'omerta

Cet épisode ajouté à la perte du bébé l'a poussé à bout. Elle décide à son tour de se mettre en arrêt maladie et de ne plus retourner au centre pénitentiaire. Nous sommes désormais tous les deux terrés dans notre maison, à nous demander ce qui va encore nous tomber sur la tête.

VIII

MARIAGE SOUS HAUTE PROTECTION

Une seule chose nous changeait un peu les idées : la préparation de notre mariage. La cérémonie était prévue le 27 janvier.

Durant toute l'année précédente, bien avant les violences commises contre Siné D., on avait préparé la fête avec Delphine. On avait convié quasiment toute la prison au vin d'honneur. Les invitations avaient été lancées avant l'été pour connaître le nombre de convives et organiser les tables. Codevelle et Caux étaient conviés à l'apéritif, comme la quasi-totalité des surveillants de Liancourt. On avait prévu un cocktail pour cent cinquante personnes.

Nos copains nous aident beaucoup dans les préparatifs : Guillaume et sa femme Marjorie, Émilie et son copain David, Yann et Sandrine, Pascal et enfin Benjamin, un collègue de notre équipe lui aussi. On avait décidé de tout faire nous-mêmes, pour limiter les coûts. On a tout financé – environ 7 000 euros –, sans l'aide de nos familles.

Moi maton, j'ai brisé l'omerta

Les derniers jours, ma compagne et ses copines décorent la salle. Elles ont déniché des objets à la Foir'Fouille, confectionné elles-mêmes les bouquets, gonflé des ballons, suspendu des guirlandes. Je vais essayer une dernière fois mon costume pour les ultimes retouches. Les garçons vont de leur côté, les filles du leur. Guillaume m'accompagne partout. Avec lui, je trouve le courage de sortir. Je sais que, quoi qu'il se passe, il m'aidera. Si on tente de m'agresser, il s'interposera et me défendra quitte à prendre des coups. On est comme ça, très proches, comme deux frères. Je le vois encore me dire : « Ne te stresse pas, concentre-toi sur ton mariage, tout va bien se passer ». C'est un protecteur. Il me protège et moi aussi. Cette expression, « à la vie, à la mort », on se l'est toujours répé-tée. À une époque on voulait même se la faire tatouer.

Celui qui devait s'occuper du repas, c'était Jean-Marc, le cuistot du centre pénitentiaire. Il avait prévu un menu bien différent du purée-saucisses de la détention : du saumon et des gambas, de la tourte d'auvergne, un trou normand, du sanglier à la gelée de groseilles… bref, un vrai festin. On avait fait sa connaissance parce que c'était un grand copain d'Éric Mogin, le secrétaire général de FO dont j'étais l'adjoint. Après les événements autour de Siné D., on s'est demandé comment ça allait se passer et s'il n'allait pas nous faire faux bond quelques semaines avant. Mais il ne nous a jamais lâchés. Mogin oui, pas Jean-Marc. Il a tenu parole, été là le jour J. Il a pris des gens de sa famille pour servir à table, nous a proposé un ami pâtissier qui a fait d'excellents gâteaux à un prix très raisonnable. Il nous a même trouvé le DJ, son propre fils. Il a été vraiment extra.

Plus on s'approche de la date fatidique, plus les préparatifs s'accélèrent. À la fin, il faut courir à droite à gauche, vérifier que rien ne manque... J'oublie un peu l'attitude des collègues, les menaces, le rejet de mes anciens camarades, etc. Mais la veille du mariage, Émilie, l'une des témoins de Delphine, également surveillante, nous replonge dans ce cauchemar. Elle nous appelle pour nous alerter : « Faites attention, ils savent que le mariage a lieu samedi et ils ont prévu de s'y pointer ». Ils, c'étaient Codevelle et plusieurs autres surveillants de Liancourt. Tout le monde connaissait cette date depuis longtemps ainsi que le lieu de la fête. Je prends alors mon téléphone et j'appelle Braud, le gendarme avec lequel j'étais en contact depuis le début. Il prend la menace au sérieux et décide d'envoyer un véhicule de la BRI en protection. Je trouve ça un peu fou d'avoir des gendarmes présents à notre mariage. Mais en même temps, a-t-on vraiment le choix ?

Le jour J, j'essaie de ne pas le montrer mais je suis complètement paniqué. Stressé à l'idée qu'il y ait un couac, que tout ne se passe pas comme prévu. Et j'ai surtout peur que Codevelle et sa bande débarquent au beau milieu de la fête.

La mairie, située en face de notre maison, est en travaux. Nous nous marions donc à quelques mètres de là, dans un bungalow utilisé la semaine comme salle d'école… L'adjoint au maire qui célèbre l'événement, Jean-Pierre Budin, est le parrain de ma femme. Une partie de sa famille, lui compris, est originaire de la région de Beauvais.

Guillaume nous conduit en voiture jusqu'à l'église de Saint-Rémy en l'Eau, un village voisin, situé à dix kilomètres. Il adorait notre voiture de l'époque, un coupé Hyundai noir, et se montrait tout fier au volant. Nous avions décidé d'organiser la célébration là-bas parce que Delphine connaissait le curé. C'est lui qui avait célébré son premier mariage. Au début c'est le curé de la prison qui devait s'en charger, mais l'église dont il dépendait était vraiment très délabrée et nous avons préféré aller ailleurs. Il s'agit d'une simple bénédiction – Delphine ayant été mariée une première fois ne pouvait pas se remarier reli-gieusement. De toute façon, on ne s'est pas trop éternisés car il faisait un froid de canard dans l'église… Puis à la sortie, un convoi se forme pour rejoindre la salle des fêtes de Quinquempoix où se déroulerait la soirée. Notre voi-ture ouvre la marche. L'avant-dernière est le camping-car de mes parents. Et c'est celle des gendarmes de la BRI qui ferme le cortège. À l'intérieur, plusieurs hommes, armés et cagoulés.

Sur place, nous commençons à accueillir les premiers invités au vin d'honneur. On ne savait pas du tout qui serait là, étant donné les circonstances. Le cuistot était allé quelques jours plus tôt faire les courses chez Métro et on lui avait demandé de réduire les quantités d'alcool et de petits fours.

L'un de nos collègues, le formateur du personnel de l'époque, José Maikoouva, d'origine réunionnaise, devait nous préparer un punch. Il avait accepté avec plaisir lorsque nous le lui avions demandé. Jusqu'au jour J, on ne savait pas s'il viendrait. On ne l'avait pas eu en ligne depuis les événements. On l'a finalement vu arriver. J'étais vrai-ment heureux. Il savait forcément que c'était moi qui avais balancé Codevelle et Caux. Toute la prison était au courant depuis bien longtemps. Et il est quand même venu. Il nous a félicités, a fait comme si de rien était. On n'a pas du tout reparlé de ça ensemble. Je me souviens simplement l'avoir remercié chaleureusement.

À part nos neuf amis les plus proches, ceux qui nous avaient aidés pour les préparatifs, il est le seul de la pénit' à être venu à notre mariage. Ce qui fait donc dix personnes. Dix, au lieu de cent.

Moi maton, j'ai brisé l'omerta

Je suis très déçu bien sûr. Je le prends très mal. On voit vraiment pour qui on compte dans ces moments-là. Ceux qui ne sont pas venus auraient pu au moins prévenir ; ils avaient tous mon numéro de téléphone… Personne n'a appelé. Delphine aussi est déçue que certaines personnes avec lesquelles on s'entendait très bien aient déclaré forfait. Il y avait notamment deux surveillants au vieux CD que l'on aimait beaucoup. Un frère et une sœur, plus âgés que nous. Ils devaient avoir tous les deux une petite cin-quantaine d'années. Lui était affecté à la porte d'entrée du CD, elle aux ateliers. Le fait que Jean-Pierre et Miguel ne viennent pas non plus m'a surpris et peiné. Jean-Pierre était mon ami depuis l'Enap. Miguel faisait partie de notre équipe et se montrait très pro-détenu. Il était du genre à faire ami-ami avec les condamnés et à défendre leurs droits. S'il y a bien quelqu'un qui aurait pu prendre ma défense dans cette histoire, c'est lui.

J'ai trouvé ça triste et lamentable. C'est une pure ques-tion de politesse de prévenir. Ils savaient qu'un mariage coûte cher et qu'on avait préparé pour beaucoup de monde. Mais lorsqu'un collègue est tenu à l'écart, la plu-part pensent qu'il vaut mieux garder ses distances avec lui. Certains craignaient tout simplement d'être mis sur la touche aussi s'ils restaient en contact avec nous.

Mariage sous haute protection

Résultat, neuf ans après, il me reste encore des bouteilles du mariage : du vin rouge, du rosé, du blanc, de la crème d'Alsace. Et encore, j'en ai donné pas mal autour de moi...

On avait contracté un crédit pour le mariage. J'en avais déjà pris un chez Cetelem pour l'achat de notre voiture et j'ai emprunté cinq mille euros de plus. On devait aussi partir en voyages de noce aux Maldives. C'est toujours un rêve, on en parle encore... On était déjà très juste pour payer tout le monde, le cuistot, le pâtissier, le DJ. On avait mis une urne dans la salle, pour ceux qui souhaitaient nous donner de l'argent plutôt que de faire un cadeau.

À la fin de la soirée, j'ai dû vider l'urne pour payer tout le monde. Il ne restait plus rien. Si on avait su que tant de collègues de la prison ne viendraient pas, on aurait pu économiser mille euros au moins.

Pendant le vin d'honneur, tout le monde est détendu et discute. Moi, je suis extrêmement stressé. Tant que les invités ne sont pas dans la grande salle et que les portes ne sont pas fermées, je suis inquiet. On reste un long moment dans le petit hall d'entrée avec Guillaume. Émilie nous avait prévenus que Codevelle et sa bande comptaient venir. Même si la voiture de la BRI est garée sur le parking, j'ai peur qu'ils déboulent et viennent mettre la pagaille. Ça pourrait facilement dégénérer. Je ne veux pas que le mariage tourne au bain de sang. Codevelle n'est pas du genre à discuter beaucoup. Mon père, ancien militaire, intervient facilement en cas de bagarre. Et puis, il y a Ludovic, « Pimpon » pour les intimes. C'est un vieil ami de ma femme. Ils se connaissent depuis vingt-cinq ans. Il est capable de faire dix mille kilomètres pour venir nous voir s'il nous arrive une tuile. Un gars ultraprotecteur, très costaud et ancien boxeur pro. Ludovic aurait frappé direct si Codevelle s'était pointé. C'est comme un garde du corps pour Delphine et moi. Quand il est là, mieux vaut ne pas nous approcher… Il s'est amusé à la fête mais faisait régu-lièrement des allers-retours pour vérifier dehors qu'il n'y avait personne.

Une fois dans la grande salle, j'oublie tout le reste. On porte le premier toast, et je ne pense plus à rien d'autre qu'à m'amuser et à profiter de cette fête. Guillaume met beaucoup d'ambiance, il veut absolument qu'on se détende, qu'on passe un bon moment et ne me lâche pas d'une semelle. Le DJ met de la très bonne musique… Le discours de Popo (mon ami Pascal) me fait pleurer. Il nous souhaite beaucoup de bonheur et promet qu'on res-tera toujours amis, qu'on ne se perdra jamais de vue. C'est une belle soirée en fin de compte.

Une minorité seulement de nos invités était au courant de ce qui nous arrivait, nos familles, quelques amis, c'est

Mariage sous haute protection

tout. Personne n'a posé de question sur la présence de la voiture de la BRI. Les gendarmes savent se faire discrets… Le lendemain, Braud m'appelle. Il me demande si ça va, me confirme qu'à l'extérieur tout s'est bien passé et que personne n'est venu. Il ajoute : « Gardez mon numéro, on ne sait jamais. Gardez mon numéro de portable privé aussi. » Il devait prendre tout cela très au sérieux, comme s'il sentait que ces types-là pouvaient aller très loin.

IX

MES COLLÈGUES SUR LE BANC DES ACCUSÉS

Je n'ai pas assisté à l'audience du procès contre Codevelle et Caux. C'était impossible pour moi. J'aurais été la cible de tous les surveillants présents dans la salle, j'aurais risqué d'être lynché. C'est étrange comme situa-tion. Je suis l'un des principaux acteurs de ce procès et je le vis de l'extérieur, de loin, comme un étranger au dossier.

Ce qui se passe et se dit à l'intérieur du tribunal, j'en ai d'abord l'écho à travers la presse. Le lendemain du procès, ma belle-mère part à l'aube acheter journaux, Le Parisien, Le Courrier Picard, Le Monde… Je découpe soigneusement chaque article. Neuf ans plus tard, je les ai toujours dans une petite caisse rangée dans l'armoire de ma chambre. Pourquoi ? Parce que je n'arrive pas à tourner la page et que cette affaire occupe une place énorme dans ma vie, qu'elle me ronge chaque jour qui passe.

C'est en lisant ces journaux que j'apprends que mes deux anciens collègues ont été condamnés à quatre mois de prison avec sursis. Je suis plutôt satisfait de cette peine. Ce qui m'importait, c'était qu'ils soient condamnés. Évidemment qu'ils n'allaient pas prendre de la prison ferme et se retrouver derrière les barreaux. La justice est mal faite. Les lois ne sont pas appliquées de la même manière à tout le monde. Le fait d'être en bleu protège, les juges se montrent plus cléments, condamnent moins lourdement, c'est certain.

Deux mois plus tard, j'en apprends un peu plus à la télévision grâce à un reportage de l'émission Enquête exclusive sur le métier de surveillant. Une partie du sujet est consacrée justement aux dérapages de Liancourt et au procès de Codevelle et Caux. En le regardant, j'éprouve un sentiment de rage et de haine.

J'y découvre d'abord la maman de Siné D. Elle explique que personne ne voulait croire son fils lorsqu'il disait qu'il se faisait frapper, que certes il était détenu mais que ce n'était pas une raison pour le tabasser et le maltraiter. Je suis d'accord avec elle. On n'a pas le droit de frapper les détenus.

Le journaliste explique aussi dans son commentaire qu'en général ce genre d'affaires est classé sans suite faute de preuves mais qu'exceptionnellement, un surveillant a décidé de témoigner de manière anonyme. Ce surveillant, c'est moi. Le problème, c'est que mon nom n'est pas resté secret, contrairement à ce qui est dit.

Et puis le journaliste commence à citer mot pour mot mon procès-verbal. Cela m'a surpris au début, mais en fait j'ai su plus tard que mon témoignage avait été lu durant le procès. Et c'est logique : c'était le principal élément de preuve contre les deux surveillants.

Le journaliste raconte que Siné a frappé à la porte et lancé des insultes, que les deux chefs sont allés le voir en mettant leurs gants, que généralement lorsqu'ils font ça c'est pour frapper les détenus, que les deux chefs l'ont effectivement bourré de coups de poing.

Et là, on voit à l'image les deux loustics, Codevelle et Caux, attablés dans un bar juste avant le début de l'audience. Ce qui me marque, c'est l'attitude de Caux. Il est blanc comme un linge et en voyant son visage, on a l'impression qu'il part à l'abattoir. Codevelle au contraire a l'air d'avoir confiance en lui, il joue le type étonné et nie tout en bloc. C'est exactement comme ça qu'il était à la maison d'arrêt. Il se croyait au-dessus de tout le monde, au-dessus des lois. Moi, si j'étais à sa place et innocent, je le crierais haut et fort, je deviendrais dingue. Là, pas du tout. Son interview est stupéfiante. Il y prétend qu'on a des techniques spéciales pour maîtriser les détenus et qu'il ne s'agit pas de violence excessive. Mais il ajoute ensuite une phrase étrange : « C'est sûr qu'un détenu peut considérer qu'il y a eu violence sur sa personne mais en général on fait ça proprement ».

Elle est spéciale, cette expression : « on fait ça proprement ». C'est ambigu. Pour moi, ça veut dire qu'on peut tabasser un gars et sans laisser de traces. Quand je faisais de la boxe, si on voulait vraiment mettre un gars par terre, on tapait à des endroits stratégiques, là où les bleus ne ressortent quasiment pas. On peut faire très mal à quelqu'un sans que personne ne voie rien. Par exemple lui faire une grosse clé de bras, lui casser le coude ou l'épaule et raconter qu'il est tombé dans l'escalier.

Ce reportage m'a mis hors de moi car j'avais l'impres-sion qu'il allait dans leur sens, qu'il était en empathie avec ces soi-disant pauvres surveillants innocents. Quand on voit la pâleur de Caux, ça se lit pourtant sur son visage, sa culpabilité. Et Codevelle qui ment sans vergogne, je trouve ça dégueulasse. J'aurais tant voulu qu'ils reconnaissent leurs torts.

Le reportage précise ensuite qu'ils ont été condamnés et n'ont pas fait appel. S'ils ne font pas appel, c'est qu'il y a une raison, non ? Moi, si je suis innocent et injustement condamné, je fais appel. Logiquement, à l'inverse, si on ne fait pas appel c'est qu'on n'est pas très net.

Mes collègues sur le banc des accusés

Autre chose qui me met en rage : le commentaire annonce que l'administration pénitentiaire a ouvert une enquête, que les deux gradés passeront en conseil de discipline et qu'ils risquent la révocation. Sauf que j'aurais été content qu'ils soient révoqués. Ça paraît logique, évident même. Avec du sursis au pénal, un fonctionnaire devrait être démis de ses fonctions par l'administration qui l'emploie. Mais ce n'est pas toujours le cas. Quand on passe le concours de la pénitentiaire, il faut avoir un casier vierge. Avec cette condamnation, leur casier n'aurait plus dû l'être. En théorie. Mais leur avocate a demandé

à ce qu'elle ne soit pas mentionnée au casier judiciaire et l'a obtenu. Codevelle et Caux continuent donc d'exercer. Je trouve ça écœurant.

La seule chose qui m'a fait plaisir, c'est que Codevelle, qui était aussi pompier volontaire s'en est fait virer à la suite de ces événements. Pourquoi des pompiers et pas de l'administration pénitentiaire, où se sont déroulés les faits pour lesquels il est condamné ?

La première personne à avoir participé à l'audience et à m'en parler ensuite, c'est Siné D., le détenu qui avait porté plainte. Il me contacte un an plus tard environ, par téléphone, alors que je travaille en détention. Je discute avec lui pendant plus d'une heure. Il me raconte qu'il était convoqué au tribunal le 24 novembre 2006 mais que ce jour-là, les syndicats de surveillants ont lancé une grève et bloqué l'établissement pour empêcher son extraction. Personne ne pouvait plus ni entrer ni sortir, de toute la journée. Le juge a été obligé de reporter l'audience, qui s'est tenue finalement le 14 décembre.

Il m'explique ensuite qu'il est très surpris en arrivant au tribunal. Il n'y a pratiquement que des surveillants dans la salle. Mis à part ses parents et quelques journalistes, c'est rempli d'hommes en bleu. Codevelle et Caux ont la voix un peu cassée, l'air fatigué. Il ne les a jamais vus comme ça et les sent très mal à l'aise. Même Codevelle ne faisait plus le malin devant les magistrats.

Siné m'avoue qu'il ne s'attendait pas à ce qu'ils soient condamnés. Il n'y croyait pas du tout et n'espérait rien. Il m'a confié : « Pour qu'ils commettent toutes ces horreurs en prison, c'est qu'ils se sentent vraiment puissants ». Il était complètement désabusé avant ce procès. « Même si vous portez plainte, les surveillants vont tous dire que c'est faux », analysait-il justement, en concluant : « En vérité, en prison on ne peut pas porter plainte ». Enfin, il me met un peu de baume au cœur en me remerciant. Il a eu de la chance, dit-il, de tomber sur un « bon surveillant, sur un gardien qui avait une conscience professionnelle ». En entendant cela, je me dis qu'au moins j'ai fait une bonne action. Il ne s'attendait pas à ce qu'un « bleu » défende un détenu.

La seconde personne à me raconter le procès de l'intérieur, c'est Pascal. Et pour cela, il me faudra attendre trois ans. On se parlait de temps à autre au téléphone mais jamais de ça. Et on ne pouvait pas se voir souvent car ni l'un ni l'autre n'avions les sous, pour faire le voyage. On vivait loin à cette époque. Je ne lui avais rien dit car je craignais sa réaction et j'avais peur de perdre un ami proche. En regardant un reportage de France 3, j'avais découvert qu'il avait assisté au procès de Codevelle et Caux. Pour moi, ça signifiait qu'il les soutenait. Avec le recul, je regrette. J'aurais dû plus tôt lui demander quelle était sa position et lui avouer ce que j'avais fait.

Le 27 janvier 2012, ma femme m'a organisé un anniversaire surprise. Elle m'a bandé les yeux, fait monter en voiture et a roulé pendant une dizaine de kilomètres pour me perdre. Je pensais qu'on partait fêter mes trente-six ans en amoureux. Et puis j'ai entendu du bruit, des cris d'enfant. J'ai enlevé le bandeau : Pascal était devant moi. On est tombés en larmes tous les deux. Je ne m'attendais pas du tout à le découvrir là. On ne s'était pas vus depuis long-temps alors que c'est l'un de mes meilleurs amis. Chaque fois qu'on se retrouve, on pleure.

Moi maton, j'ai brisé l'omerta

Nous sommes sortis discuter près d'une heure. C'est alors que je lui ai avoué, pour la première fois, cinq ans après les faits, que c'était moi qui avais balancé les collègues. Il a eu un choc. Il pensait qu'il s'agissait d'un coup monté contre moi. Que c'était Zamba, le chef de détention, qui avait « vendu » les collègues et que tout le monde s'acharnait sur moi à tort.

Il m'a raconté plus tard qu'il n'avait pas fermé l'œil la nuit suivante et qu'il avait passé son temps à cogiter. Le lendemain matin, il a demandé à sa femme Marie-Line

– qui ne travaille pas dans la pénitentiaire – ce qu'elle ferait si elle assistait à un dérapage dans le cadre de son travail et qu'on lui demande de témoigner. Elle lui a répondu que bien sûr elle témoignerait. Toute la nuit, Pascal s'était demandé ce qu'il aurait fait à ma place. Le lendemain, il m'a affirmé qu'il aurait agi comme moi. « Et tout le monde aussi », a-t-il ajouté. Je ne suis pas d'accord. Jérôme Emery par exemple a assisté à la même scène que moi et il n'a rien dit. Il a même prétendu n'avoir rien vu. Et le pire, c'est que ce sont les gens comme lui qui ont sans doute raison. Ils s'en sortent bien, eux, aujourd'hui. Contraire-ment à moi.

Pascal m'a ensuite raconté le procès, tel que lui l'avait vécu. Il y avait facilement une quarantaine de surveillants dans la salle d'audience. Des forces de l'ordre étaient également présentes devant la porte du tribunal. Apparemment on craignait qu'en entendant le jugement les gardiens ne deviennent violents et ne dégradent les lieux. Ils ne sont pas allés jusque-là mais Pascal raconte qu'à la sortie ça gueulait de partout. Et les surveillants persistaient à affirmer aux journalistes que Codevelle et Caux étaient innocents. C'est insupportable. Tout le monde savait qu'ils avaient réellement cogné Siné. Mais ils préféraient défendre l'indéfendable me traiter, moi, l'innocent, en bre-bis galeuse.

En sortant du tribunal, Pascal éprouve un sentiment mitigé. Il se demande qui a « balancé » les collègues, si c'est Zamba, le chef de détention, ou moi. Beaucoup au départ l'ont apparemment soupçonné lui. Mais je ne pense pas qu'il ait subi de représailles. C'était un officier ; on ne pou-vait pas s'en prendre à lui sans risques.

Pascal trouve ça bien que j'aie témoigné, même si ça n'a rien changé selon lui. Ce n'est pas pour autant que les détenus ne sont plus tabassés en prison. Là où il se trouve actuellement, dans l'Ouest de la France, ça tape aussi, m'explique-t-il. Ça ne m'étonne pas. Je pense que ça ne s'arrêtera jamais. Il y aura toujours des abrutis pour qui le mot « déontologie » ne veut rien dire. Et la violence engendre la violence. Les détenus tabassés vont avoir tendance à agresser physiquement leurs « bourreaux ». C'est un cercle vicieux. Sans fin.

Pascal m'a raconté aussi que durant l'audience, l'avocate des deux prévenus a affirmé que le témoignage anonyme était mensonger et demandé pourquoi ce témoin n'était pas présent. C'est totalement hypocrite mais c'est son rôle d'avocat de défendre ses clients par n'importe quel moyen, qu'ils soient en tort ou non. En revanche, je bondis quelques jours plus tard en lisant Le Parisien. Le secrétaire régional de l'Ufap est interrogé et déclare :

« Je trouve extraordinaire que celui qui voit des choses inadmissibles n'ait pas le courage de donner son nom. C'est un manque de franchise total. Nous avons notre petite idée sur l'auteur qui pouvait espérer un traitement de faveur, comme une mutation, et si ça se trouve, l'a déjà obtenue »... Oser m'accuser de lâcheté alors que j'ai été le seul à briser la loi du silence, oser prétendre que je bénéficie d'un traitement de faveur alors que je suis devenu un paria et l'homme à abattre, c'est vraiment honteux.

Je regrette malgré tout, en fin de compte, de ne pas avoir assisté à ce procès. Vu ce que j'ai subi et que je subis encore, vu que tout le monde savait que c'était moi, j'aurais dû les affronter au grand jour. Peut-être que cer-

tains auraient salué mon courage. Que la suite des évène-
ments aurait finalement été plus simple. Et que nous aurions
évité cette descente aux enfers qui a été la nôtre après le
procès.

X

UN RAPPORT QUI ME DONNE RAISON

À l'intérieur de la prison de Liancourt, où je suis un paria, c'est l'omerta. Mais à l'extérieur, la Commission nationale de déontologie de la sécurité[1] me donne raison. Elle confirme non seulement que Siné D. a bien été agressé mais son rapport révèle aussi qu'il n'a pas été le seul à subir ce genre de traitements à Liancourt à cette période.

Je tombe sur ce document par hasard, en surfant sur Internet, quelques jours après sa parution en janvier 2007. Je n'étais pas au courant que la CNDS menait son enquête à Liancourt. À vrai dire, je ne connaissais même pas cette commission, que j'ai découverte à force de lire tout ce qui se rapportait à Liancourt, Codevelle et Caux. J'imprimais

---

1.Créée en 2000, cette autorité administrative indépendante était chargée de veiller au respect de la déontologie par les personnes exerçant des activités de sécurité en France, qu'il s'agisse de professions publiques (policiers, gendarmes, douaniers, gardiens de prison) ou privées (gardiens, transporteurs de fonds, détectives privés). La CNDS a été dissoute en 2011 et ses missions confiées au Défenseur des droits.

119

des tas et tas d'articles. J'essayais de trouver des éléments qui confirmaient ce que j'avais dénoncé et pourraient m'aider à me défendre.

La lecture de ce rapport m'a profondément secoué. Qu'il y ait eu autant d'agressions gratuites de la part des surveillants a achevé de me déprimer. En lisant également le rapport annuel de la CNDS, j'ai découvert que ces comportements n'étaient pas spécifiques à Liancourt, qu'ils se produisaient également dans d'autres prisons. Je suis tombé des nues. Je me suis dit qu'il fallait revoir le système de fond en comble, notamment sélectionner autrement les apprentis surveillants, proposer un meilleur suivi psychologique, etc.

La commission demande à son président « vu l'urgence, d'informer dans les plus brefs délais le ministre de la Justice de la gravité des faits qu'elle a constatés ». Elle n'y va pas par quatre chemins. Même si elle y met les formes, elle n'épargne pas, loin de là, les surveillants mis en cause.

La CNDS a été saisie de cinq plaintes, dont celles de la famille d'Olivier Tranquille, de Djamel Zerfaine et de Siné D. Chacune de ses enquêtes est édifiante. Elle révèle que certains gardiens de Liancourt se contredisent, mentent, sanctionnent des détenus arbitrairement et font la loi en méprisant les droits les plus fondamentaux des prisonniers.

Un rapport qui me donne raison

Cette lecture donne froid dans le dos. Je n'étais pas au courant de toutes les plaintes. Celle de M. TH notamment. Avec un autre type, il a été laissé trempé jusqu'aux os dans sa cellule pendant toute une nuit. Une bande de sur-veillants les avait arrosés avec une lance à incendie. Et les RIA[1], quand ça envoie de l'eau, ça envoie… Ce sont les lances à incendie qu'utilisent les pompiers, alors forcément c'est efficace ! Certains gardiens ont prétendu qu'il y avait eu un départ de feu mais la commission n'est pas dupe :

« Les déclarations des surveillants G.A. et C.W., concernant "un début d'incendie" et "une menace d'incendie", sont formellement contredites par le premier surveillant T.J., qui affirme d'une part "qu'il n'a pas vu de flammes" dans la cellule du détenu TH., et d'autre part que "le détenu TH. ne menaçait pas de mettre le feu". » Et la CNDS estime qu'« il y a eu, de la part du premier surveillant et des deux sur-veillants, volonté d'humilier les détenus en les laissant le restant de la nuit dans des cellules rendues inhabitables par l'utilisation injustifiée d'une lance à incendie ».

Que les témoignages des différents surveillants soient contradictoires n'a rien d'étonnant. Tout le monde

---

1. Robinet d'incendie armé. Il s'agit d'un dispositif de lutte contre les incendies installé dans certains établissements recevant du public et dans de nombreux établissements industriels. Il permet d'attaquer un feu naissant en attendant l'arrivée des sapeurs-pompiers. Le tuyau est alimenté en permanence en eau, d'où son appellation d'armé.

cherche à protéger sa peau là-dedans. Pourquoi ce premier surveillant T.J. a-t-il contredit ses collègues ? S'ils utilisent le RIA, il est obligé d'être présent aussi car, la nuit, seul le chef a la clé des cellules. Peut-être a-t-il fait ça a posteriori pour se couvrir. De plus, ce premier surveillant, en tant que chef ce soir-là, aurait dû interdire aux autres de se servir du RIA. L'autre explication, c'est qu'ils sont tous potes et qu'il les a laissés faire, sans s'imaginer que la CNDS enquêterait ensuite.

Les surveillants se contredisent et masquent la vérité. Ce constat revient aussi dans le cas d'Olivier Tranquille qui, placé au QD après un problème de cantine, s'est sui-cidé le lendemain. La Commission parle de comptes-rendus d'incidents « partiaux », de déclarations de deux surveillants « divergentes et incohérentes ». Elle indique également que « les blessures relevées par les certificats médi-caux des deux surveillants (une griffure au cou et une fracture légère d'un doigt) semblent peu en rapport avec les actions décrites lors de l'intervention et indûment imputées à M. Olivier Tranquille ».

Certains surveillants, pour se couvrir, rédigent un compte-rendu d'incident totalement faux. Dans le cas d'une agression, le maton écrira que le détenu lui a sauté dessus en premier et c'est faux. Il va donner un grand nombre de détails, noircir des pages et des pages de notes alors que tout est inventé. Je dis ça en connaissance de cause. J'ai déjà vu un rapport d'agression bidon, le jour où j'ai, en tant que syndicaliste, défendu un collègue qui avait été soi-disant tabassé par un prisonnier, mais qui en fait cherchait juste à obtenir un arrêt maladie.

Dans le cas d'Olivier Tranquille, c'est un souci de cantinage, nous l'avons vu, qui a mis le feu aux poudres.

À Liancourt, les livraisons de cantine fonctionnaient très mal. Deux ou trois surveillants tout au plus s'en occu-paient, avec pas moins de quatre bâtiments à leur charge. Ils étaient clairement en sous-effectif et n'arrivaient pas à tout gérer.

Bien consciente du problème, la CNDS a écrit que « les problèmes de "cantine" ont été de façon récurrente à l'origine de tensions et d'incidents dans les bâtiments (attente longue des produits, détenus n'ayant pas obtenu leurs produits alimentaires alors que leur compte était débité, date de péremption dépassée) » et que « des problèmes mineurs sou-levés par des détenus (demande d'un balai pour nettoyer la cellule, contestation d'un compte de cantine) provoquent des incidents, conduisant aussitôt à des mises en prévention qui s'accompagnent de brutalités ». C'est typiquement ce qui s'est passé pour Olivier Tranquille. Il était énervé à cause d'un produit qu'il avait cantiné et qu'il n'avait pas reçu. Et il a été placé au QD pour ça.

Moi maton, j'ai brisé l'omerta

Il faut savoir qu'il y a souvent de gros soucis avec les surveillants d'étage et le cantinage. C'est un problème de ce genre qui a failli coûter la vie à ma compagne, Delphine. Le détenu commande par exemple un paquet de cigarettes. Il remplit un bon de cantine, qu'il donne au surveillant. Mais le gardien s'en moque totalement et le laisse à la personne qui prend son service après lui. Il ne faut pas se voiler la face, le problème vient aussi, en plus du sous-effectif, des surveillants qui ne font pas leur boulot aux étages. Normalement le surveillant doit apporter le bon de cantine au bureau du chef de bâtiment en dessous lorsqu'il a terminé son service ou directement à la cantine s'il en a le temps. Mais beaucoup de gardiens laissent le bon dans le cahier de liaison et « vas-y démerde-toi » pour celui qui prend la relève le lendemain. Le bon peut rester là un moment, facilement plusieurs jours, voire finir à la poubelle. Si le bon de cantine reste là pendant deux trois jours et que le surveillant suivant est un con, il peut le balancer à la poubelle. Voilà, ni vu ni connu je t'embrouille...

Pour Olivier Tranquille, ça a donc démarré comme ça. Et puis ça a dérapé. Un surveillant a prétendu qu'il l'avait agressé. Le détenu s'est retrouvé au QD, a commencé une grève de la faim puis a demandé à voir un médecin qui n'a jamais été prévenu, selon l'enquête de la CNDS : « Rien ne m'a été dit concernant ce détenu et sa demande de voir un

Un rapport qui me donne raison

médecin » déclare-t-il. Il n'est pas non plus informé qu'Olivier Tranquille ne s'alimente plus depuis la veille :

«Dès qu'il y a une grève de la faim d'un détenu placé au QD, nous nous déplaçons ». Or personne n'est venu rendre visite à ce détenu. Pire, un surveillant répond à un infir-mier qu'il n'y a « pas de problème », que ce n'est « pas la peine » de monter au QD. Quelques heures plus tard, les médecins apprennent que le détenu s'est suicidé. Ce qui a fait dire à la CNDS qu'il est « fortement probable que c'est délibérément que les professionnels de santé et la direction, à même d'évaluer la situation et de sortir ce détenu en détresse du QD, ont été tenus à l'écart ».

Il me paraît tout à fait possible que le médecin n'ait pas été appelé même si c'est obligatoire en théorie. Certains surveillants s'en moquent complètement. Si un gars semble vraiment mal en point, on peut appeler directement le service médical en leur demandant d'intervenir immédia-tement. Certains gardiens ne décrocheront jamais leur téléphone. C'était le cas des trois-quarts des surveillants de Liancourt qui sortaient comme moi de l'école. Ils faisaient le minimum, les sorties en promenades, les distributions de repas et de médicaments, les ouvertures pour les par-loirs et les rendez-vous judiciaires et médicaux, et c'est tout. Le reste, ils s'en tapaient. Même pour les fouilles des cellules, beaucoup disaient « oui oui c'est fait » alors qu'ils n'avaient rien inspecté du tout.

Ce n'étaient pas parce qu'ils étaient trop occupés, non. Ils préféraient simplement boire le café. Moi, j'appe-lais le médecin, le greffe pour les problèmes de pécule. Et je faisais venir le détenu dans mon bureau pour regar-der directement son compte sur l'ordinateur en cas de problème.

Pour l'envoi des courriers, c'était comme pour les bons de cantine. Ça se jouait à pile ou face. Parfois ils arrivaient à leur destinataire, parfois non. Dans le cas d'Olivier Tranquille, il avait écrit à la direction avant son suicide pour contester son placement à l'isolement. Le courrier est arrivé… plusieurs jours après son décès. Cela choque aussi la CNDS, qui déclare : « Il est inquiétant, inacceptable, qu'un courrier rédigé par M. Olivier T. et remis le 23 mars par un surveillant du QD "à la hiérarchie" n'ait pas suscité de réaction. Le directeur de l'établissement M. F.A., ques-tionné sur ce point, a indiqué avoir eu connaissance de ce courrier adressé à la direction bien après le décès de M. O.T. Dans ce courrier, M. O.T. demandait à rencontrer une per-sonne de la direction, disait qu'il était innocent, qu'il n'avait rien fait. » Que le courrier soit arrivé si tardivement au directeur ne m'étonne pas du tout. Les lettres passent d'abord par le chef du bâtiment, qui les lit toutes et émet

Un rapport qui me donne raison

son avis, ensuite elles remontent à l'adjoint et enfin au directeur lui-même. Mais tout ça ne se fait pas dans la même journée. Et parfois la lettre passe à la trappe, comme le bon de cantine. Le chef du bâtiment peut la garder pour lui.

Ce qui m'a le plus marqué je crois, ce sont les conclusions générales que tire la CNDS du fonctionnement du centre pénitentiaire de Liancourt et de la toute-puissance laissée à des types comme Codevelle. L'institution indépendante utilise des mots très forts, évoquant des « procédures disciplinaires instrumentalisées pour faire régner "la terreur et l'ordre" » et écrit texto que « c'est au niveau de la hiérarchie que s'organisait ce climat et ce régime de ter-reur ». Vous vous rendez compte ? Une commission chargée de veiller à la déontologie des personnels de l'administration pénitentiaire qui affirme dans un rapport que la hiérarchie organise un régime de terreur ? C'est à peine croyable. Je me souviens d'un article du journal L'Humanité qui reprenait à l'époque cette information en titrant : « Régime de terreur à Liancourt ». Pour moi, Codevelle se comportait comme un mac dans le sens où il gérait l'établissement en usant de chantage, de violence, etc. Ces termes d'« ordre » et de « terreur » s'appliquent à lui directement. Je ne suis pas le seul à le penser. La CNDS aussi puisqu'elle écrit noir sur blanc : « Le premier surveillant B.C. (B.C pour Bruno Codevelle) porte une responsabilité particulière dans l'instauration d'un véritable climat de peur et de représailles, brimades, provocations et humiliations, exercées sur des détenus », il avait « une attitude arbitraire, contraire à la déontologie [...]. Il venait régulière-ment au QD lorsqu'il estimait que la mise en prévention d'un détenu n'avait pas été assez violente et participait aux violences » et enfin il « semble avoir exercé un pouvoir illégitime, arbitraire, de par la passivité, si ce n'est la complai-sance, du directeur adjoint M. H. ».

Le directeur adjoint, Jean-Luc Hazard, et Codevelle s'entendaient très bien. Ils avaient la même manière de fonctionner. Il n'y avait plus vraiment de hiérarchie entre eux, alors qu'elle est importante dans ce genre de métier, comme dans la police, la douane, etc. Hazard venait rare-ment en maison d'arrêt. Son bureau se situait dans les bâtiments administratifs, à plusieurs centaines de mètres de là. Codevelle avait donc les pleins pouvoirs lorsque les deux lieutenants, ses supérieurs hiérarchiques, étaient absents. Les jeunes surveillants de l'équipe quatre, dont la plupart sortaient de l'Enap comme moi, lui obéissaient au doigt et à l'œil.

Le directeur de l'établissement, François Aussant, s'entendait lui très mal avec Hazard et voulait la peau de Codevelle. Mais il était faible. Un peu trop « nounours ». Il

Un rapport qui me donne raison

me faisait un peu penser à Hollande : petit, trapu, même visage, même style, même personnage. La CNDS parle aussi d'un « état de délitement généralisé des fonctions et des responsabilités d'une partie de l'encadrement de Liancourt ». Je pense qu'Aussant n'avait ni le pouvoir ni le charisme pour diriger un centre pénitentiaire. Il ne tapait pas assez du poing sur la table. Aussant s'était mis beaucoup de monde à dos et n'était pas à sa place là-bas, cela se sentait.

Dernier passage qui m'a fait littéralement sursauter : la CNDS évoque les témoignages de « surveillants de l'établissement soucieux du respect des règles et animés de valeurs d'humanité, qui ont déclaré ne plus pouvoir supporter les agissements non professionnels, graves, de certains de leurs collègues à l'égard des détenus, et qui ont décidé de "briser la loi du silence" ». Le mot « surveillant » est au pluriel. Cela veut dire que d'autres que moi ont parlé, non pas aux gendarmes mais à cette institution indépendante. Pourquoi ai-je été dans ce cas la seule cible des attaques de mes collègues ? Qui a été interrogé par la CNDS ? Et surtout, question lancinante pour moi, pourquoi n'ai-je jamais été interrogé moi-même ? Seuls les gendarmes m'ont auditionné, pas la CNDS. Elle a pourtant les moyens de savoir qui a témoigné auprès de la gendarmerie. Ils ont dû avoir accès à mon nom, qui circulait au bout de quelques jours seulement dans toute la détention... Avec le recul, en relisant tout ça, j'ai le sentiment d'être le bouc émissaire de toute cette histoire.

La CNDS a rendu un rapport très sérieux, elle a établi les faits, découvert une série d'informations. Son rôle est précieux, étant donné toutes les dérives qu'il y a dans ce milieu… Enfin, « était » précieux, puisqu'elle a été dissoute… Pourquoi n'a-t-elle pas cherché à me retrouver ? Cela aurait sans doute changé la donne pour moi. J'ai cet énorme « pourquoi » dans la tête et il ne m'a jamais lâché.

XI

A LANNEMEZAN, LA « FÊTE » CONTINUE

Le temps passe mais pas les insultes. Je continue à me faire traiter de balance. Les coups de téléphone anonymes se poursuivent. On me raccroche au nez. La routine en quelque sorte…

Je veux partir au plus vite de Liancourt, quitter la prison, m'éloigner de cette région. Lors de mon témoi-gnage à la gendarmerie, la procureure m'avait promis que j'obtiendrais la mutation que je souhaitais. Mais dans les faits, ce n'est pas ce qui s'est passé.

Le service des ressources humaines m'appelle au sujet de ma mutation. Je demande à partir à Bayonne ou à Mont-de-Marsan. On me répond que ça n'est pas possible. Je commence à perdre patience. Un accord est un accord. Mon interlocuteur me propose alors Bordeaux, puis Toulouse, puis Lannemezan, en concluant : « c'est à prendre ou à laisser, sinon vous restez à Liancourt ». « Comment voulez-vous que je reste alors que tout le monde sait que c'est moi qui ai balancé les collègues ? », je lui rétorque. « C'est à vous de voir » se contente-t-il de répondre. J'allais très mal, ma femme aussi. J'ai accepté de partir dans les Hautes Pyrénées à Lannemezan. On n'avait pas le choix.

Lannemezan, c'est une centrale, un lieu où sont donc rassemblés les détenus les plus difficiles et les plus dange-reux. On ne me fait pas de cadeau en m'envoyant là-bas. On me plante un deuxième couteau dans le dos.

On déménage là-bas en février 2007. On part « hors cap », c'est-à-dire hors période de commission administra-tive paritaire. Il y a deux périodes de mutation dans l'année normalement. Si on est muté en dehors de ces dates, c'est soit parce qu'on a le bras long, soit parce qu'on a commis une faute, soit parce qu'il nous est arrivé un événement particulier.

Guillaume et Marjorie, sa femme, nous aident à faire nos cartons. Le déménagement est prévu quelques jours seulement après notre mariage, dont les préparatifs nous ont occupés à plein temps pendant un bon moment. On s'y prend donc la veille du départ seulement et on y passe toute la nuit.

Pendant qu'on range nos affaires à la hâte, Yann et Sandrine, un autre couple d'amis qui avaient été mutés à Marseille, roulent en voiture jusqu'à Tarbes rencontrer le futur propriétaire de notre futur logement et lui apporter les papiers nécessaires. Nous avons trouvé notre maison à la dernière minute, par internet. Habitant à plus de huit cents kilomètres de là, nous ne pouvions nous payer un aller-retour pour chercher un logement. Nous avons donc dû choisir la maison sur photos, sans la visiter.

Huit heures du matin, le 11 février : les déménageurs arrivent. Ils finissent les cartons, démontent les meubles et chargent le camion. Lorsqu'ils ont fini, leur responsable me tend une facture de trois mille euros et me réclame un chèque. Je tombe des nues. C'est la direction régionale des services pénitentiaires de Lille qui devait payer notre déménagement. Je ne pensais pas qu'il fallait que j'avance les frais. Je n'ai pas trois mille euros sur mon compte. Le déménageur ne veut rien savoir et refuse de lever le camp tant qu'il n'a pas son chèque. En fin de compte, la direction régionale a envoyé par fax une promesse de paiement à la société de déménagement, ce qui a débloqué la situation.

Il ne nous reste plus qu'à prendre la route de notre côté. Mais impossible de mettre la main sur les clés de ma voiture. Un copain finit par casser une vitre pour l'ouvrir et on démarre la voiture avec des câbles. À chaque arrêt ensuite – on avait près de neuf cent kilomètres à faire -, on remettait le contact à l'aide d'un tournevis… Sans compter que l'alternateur du moteur de ma vieille Fiat Ibiza, qui permet notamment de recharger la batterie, nous a lâchés au bout d'une centaine de kilomètres. Nous devions donc nous arrêter toutes les heures pour le recharger avec la batterie de la voiture de Delphine. Ça a été un trajet très pénible. Nous avons mis plus de quatorze heures pour arriver à destination.

Nous sommes attendus deux jours plus tard à Lannemezan. Lorsque nous pénétrons dans la centrale, nous sommes accueillis par le formateur de la prison qui doit nous faire visiter les lieux et nous en expliquer le fonctionnement. Delphine est en panique, elle se met à pleurer. La découverte de cette prison ultra sécuritaire, équipée de grilles et de caméras partout, lui fait peur. Il faut dire qu'une centrale est beaucoup plus imposante qu'une autre prison. On sait que là-dedans, il n'y a que des gros calibres. Elle est tellement effrayée qu'elle veut démissionner. Elle a accumulé beaucoup de stress ces derniers mois, c'est la goutte d'eau qui fait déborder le vase. C'est moi qui ce jour-là l'en empêche, en lui promettant que tout va bien se passer et qu'on va se lancer dans une nou-velle vie. Je suis bien naïf…

Delphine est affectée en détention et je suis désigné moniteur de sport. Je n'avais pas de diplôme particulier pour ce poste. Mais c'était tout ce qu'on pouvait me

A Lannemezan, la « fête » continue

proposer à ce moment-là. Delphine est la seule femme de son équipe. L'ambiance est très mauvaise au début. Ses collègues sont extrêmement machos. Pour eux, une surveillante de prison femme, ça ne devrait pas exister. La première nuit, ils lui demandent de préparer le repas. Mais ils sont mal tombés. Delphine a beaucoup de carac-tère, elle les envoie promener. Ensuite, trois surveillants l'ont prise sous leur aile, dont l'un des plus anciens de l'équipe et un autre, très costaud. Les autres ont arrêté de lui empoisonner la vie.

De mon côté, je vais donc superviser les séances de sport. Je reçois un bon pour m'acheter une tenue adé-quate à l'Intersport de Lannemezan. Je pouvais rester en uniforme si je le voulais mais je préférais m'habiller en survêtement comme les détenus. Lorsque vous êtes en uniforme, en bleu, ce n'est pas pareil. Les vêtements de sport, c'est moins agressif on va dire…

Les premiers jours sont compliqués. Certains détenus se fichent de moi lorsque je fais l'appel. Je note les noms qu'ils me donnent dans le cahier, sans pouvoir vérifier quoi que ce soit. Ils n'ont pas leur carte de circulation[1] sur

---

1. Lorsqu'un détenu arrive en prison, il reçoit une carte dite de circulation. Y figurent son prénom, son nom, sa photo, son numéro d'écrou et le nom du bâtiment où il est incarcéré. Il doit présenter cette carte à chaque mouvement au sein de la détention.

eux. Un jour, je demande à un collègue où est Dupont et il me répond que le détenu ne s'appelle pas du tout comme ça. Cela faisait plusieurs jours qu'il me donnait un faux nom. C'était une sorte de bizutage.

Le temps passe très lentement. Je vois mes collègues quelques instants par jour uniquement, lorsque je viens chercher les détenus de tel ou tel bâtiment pour les emmener en sport. Je suis en permanence tout seul sinon.

Je prends en charge tous les détenus qui veulent faire du sport. Ils sont soixante à quatre-vingts par bâtiment. Lorsqu'il fait beau, ils sont nombreux à venir. Mais l'hiver, c'est une autre histoire… Il y a du monde dans la salle de sport, mais pas dehors, sur le terrain. Je me suis retrouvé une fois avec un seul détenu, qui a couru pendant deux heures. Je l'ai regardé tourner en rond pendant tout ce temps… Cela m'est aussi arrivé de me retrouver sans candidat. Dans ce cas, je n'avais plus qu'à attendre deux heures dans le bureau, situé à part des bâtiments de détention.

Je n'étais pas à l'aise dans cette pièce. L'autre moniteur de sport, Cyril, occupait systématiquement la seule chaise du bureau lorsque nous étions tous les deux-là. Je me retrouvais donc à attendre debout. Quelques jours seulement après mon arrivée, il m'avertit : il sait pourquoi j'ai

A Lannemezan, la « fête » continue

été muté. Comme nous avions été mutés hors cap, hors commission paritaire, il avait appelé ses collègues de la CGT de Liancourt pour connaître les raisons de notre départ (il faisait lui-même partie de ce syndicat). Et ces types lui avaient raconté que j'avais « balancé » deux col-lègues. Il me fait clairement comprendre que je ne suis pas le bienvenu et ajoute : « La pénitentiaire, c'est la Grande Muette, c'est comme l'armée, faut rien dire ». Ça commence à partir en vrille entre nous. Je lui dis de se mêler de ses affaires. Là-dessus, le directeur de la centrale, Claude-Yvan Laurens, me convoque. Il était directeur du centre pénitentiaire de Gradignan lorsque j'y étais en stage, nous nous connaissions. Il me dit de ne pas m'inquiéter, qu'il est au courant de ce qui m'est arrivé, qu'il va me protéger. Je dois venir le voir au moindre problème. Malheureusement, il est muté quelques semaines après notre discussion.

Cyril L., lui, recommande aux autres surveillants de ne pas m'adresser la parole. Un jour, alors que je passe en détention chercher des détenus pour aller en sport, je me retrouve nez à nez avec lui et l'attrape par le col, le poing levé, prêt à le frapper. Je lui crie qu'il ne sait rien de cette histoire, qu'il n'a pas à en parler à tort à et travers à tout le monde. Je ne le frappe pas ce jour-là car il y a une vingtaine de détenus derrière la grille qui nous regardent. Je le menace de lui régler son compte en dehors de la prison s'il continue ces manœuvres dans mon dos. J'en ai vraiment marre de ces regards hostiles, de cette animosité qu'il a suscitée en parlant de moi à tous les collègues.

Je me sens très seul. J'ai une longue pause de deux heures le midi. J'habite trop loin pour rentrer à la maison. Au début, je vais au mess et déjeune seul. Mais j'en ai vite assez. Ensuite, je vais tuer le temps dans ma voiture, sur le parking, en face du mess. Comme on a très peu d'argent, je mange un paquet de gâteau, guère plus. J'attends que le temps passe. Je lis de la documentation sur Liancourt, le procès, la CNDS, etc. Ces moments ne sont pas de bons souvenirs.

Je demande ensuite à être muté en détention, aux côtés des détenus. Je voulais gagner davantage, or en détention on touchait une prime de nuit et on faisait des heures supplémentaires. Delphine et moi n'avons pas les mêmes horaires. Nous ne nous voyons quasiment jamais, nous nous croisons au boulot. Nos enfants sont gardés en permanence par une nounou. Dans mon équipe, il y a un gars sympa avec moi heureusement, un ancien militaire, Lionel Matha. La nuit, on papote et on joue aux cartes ensemble. Il ne m'a jamais parlé des événements de Liancourt. Grâce

A Lannemezan, la « fête » continue

à lui, les vacations sont moins pénibles… jusqu'à ce que Cyril L. débarque dans mon équipe. Tout le monde savait que nous nous étions accrochés. Mais ils nous ont malgré tout placés dans la même équipe. Nous ne nous adressons pas la parole. Je refuse d'aller le relever au mirador. Je relève le surveillant d'un autre mirador, qui va le relever lui.

Quelques mois se passent ainsi. Puis deux détenus viennent me voir. Joseph M. d'abord, un célèbre braqueur, membre présumé du gang corse de la Brise de mer et ami d'Antonio Ferrara. Il me regarde droit dans les yeux et me prévient : « tu n'as pas le droit de faire ce que tu as fait, de balancer des collègues. Fais attention à toi. Je sais que tu habites à Orleix, que tu as un coupé noir et que ta femme est enceinte ». Tout était vrai, mon adresse, la voiture et le fait que Delphine était à nouveau enceinte.

Je vois ensuite arriver Philippe L., un autre braqueur, qui me menace également. Je me souviens d'avoir alors enfermé en cellule les détenus qui se trouvaient sur la coursive et d'être allé voir le chef de détention. Il m'encourage à aller parler directement à la nouvelle directrice de la centrale. Je lui raconte ce qui s'est passé et lui demande de faire cesser tout ça. Elle me répond : « il ne faut pas raconter ce qui se passe en détention, ce qui vous arrive est normal. Si vous n'êtes pas content, je vous enlève vos primes de détention. La seule chose à faire est de démissionner et de partir loin d'ici ». J'étais dans une colère folle en sortant de ce rendez-vous. La directrice aurait dû faire transférer ces détenus qui m'avaient menacé, c'est son devoir de protéger son personnel. Au lieu de ça, elle me pousse à la démission !

Quelques jours plus tard, nous retrouvons le capot de notre voiture défoncé, les vitres arriéres explosées. Je tombe à nouveau en dépression et reprend des antidépresseurs. Le médecin m'arrête. Je ne remets plus les pieds à Lannemezan. Quant à Delphine, elle subit un cerclage du col de l'utérus pour éviter une nouvelle fausse couche et doit rester au repos. À nouveau, nous nous retrouvons tous les deux à la maison, le moral au plus bas.

Les ennuis financiers continuent. Nous sommes payés le dernier mercredi de chaque mois. Fin février, je reçois en tout et pour tout 481,50 euros et en mars 470 euros. Delphine, elle, touche 20,8 euros en mars ! Nous allons faire une réclamation à l'administration de Lannemezan, qui appelle celle de Liancourt, où nous travaillions avant. Chacun se renvoie la balle, en disant que c'est à l'autre de payer la période de transition entre les deux postes.

En attendant, nous n'avions pas de quoi payer le loyer. J'écris au directeur régional des services pénitentiaires, qui

A Lannemezan, la « fête » continue

ne me répond pas. Je suis obligé de rappeler notre société de crédit et d'emprunter encore cinq mille euros de plus.

Mon médecin me pousse à partir à tout prix de Lannemezan. La première mutation qui tombe est Rouen. Là-même où j'avais exercé quelques mois après ma sortie de l'Enap…

À notre arrivée dans les Hautes-Pyrénées début 2008, nous avions acheté un terrain et le maître d'œuvre s'apprêtait alors à lancer les travaux. Je stoppe le chantier et négocie un autre crédit à Rouen, pour acheter une autre maison là-bas. Quant au terrain, il est toujours en vente dix ans plus tard. Le voisin dissuade les rares candidats…

Delphine est enceinte de huit mois. La gynécologue veut déclencher l'accouchement. Elle avait fait une fausse couche auparavant, était restée alitée et tous ses trois autres enfants étaient nés prématurément. Nous arrivons à la clinique un matin à neuf heures. La sage-femme lui fait une injection et nous prévient que l'accouchement va avoir lieu d'ici une heure. Mais à dix-sept heures, toujours rien… La sage-femme nous annonce que d'ici une demi-heure on va devoir procéder à une césarienne. Puis elle examine ma femme et voit que notre bébé est à l'envers et ne peut pas sortir. Ça a été les cinq minutes les plus longues de ma vie. Elle attrape le téléphone puis me le

tend et me crie d'appeler le gynécologue. Mais j'ignore comment le joindre. Elle me demande alors de raccrocher et de venir l'aider. Elle réussit à faire descendre la tête de ma fille, la maintient en tirant dessus doucement. C'est là que j'ai vu que le cordon était enroulé à deux reprises autour de son cou et qu'elle était toute violette. Je l'ai aidé
à extraire le reste du corps du bébé. Nous l'avons mis au monde tous les deux. Elle ne pleurait pas. Je savais que ça n'était pas normal. Delphine était complètement dans les vapes. La sage-femme a appelé ses collègues en hurlant, ils sont arrivés, ont coupé le cordon et sont repartis avec mon bébé. Je me suis retrouvé tout seul avec ma femme en sang et à moitié consciente.

Je les rejoins ensuite. Maïllys est placée dans une grande couveuse. Il y avait beaucoup de monde qui s'affairait autour d'elle. On m'a fait sortir de la salle. Je suis retourné auprès de Delphine. Le gynécologue est venu nous voir et nous a dit qu'on avait eu beaucoup de chance, que quelques minutes après elle mourait, ce qui aurait valu à mon épouse une hémorragie interne. J'ai réalisé que j'avais failli les perdre toutes les deux.

Le plus cocasse c'est que tout le monde se fichait de moi avant l'accouchement parce que j'appréhendais ce moment. J'étais convaincu de tomber dans les pommes au moment où le bébé sortirait. Mais en fait l'adrénaline a pris le dessus, j'ai fait ce que la sage-femme m'a dit de faire et je n'ai réalisé qu'après ce qui s'était passé.

J'ai eu un ange gardien ce jour-là. Je voulais un autre enfant mais cet épisode nous a tellement marqués Delphine et moi que nous avons renoncé. J'étais heureux que Maïllys soit là.

XII

LA DESCENTE AUX ENFERS

Avec Delphine nous sommes donc tous les deux mutés à Rouen. Mais je sais au fond de moi que je ne retournerai pas travailler en détention. J'ai subi trop de représailles, je suis à bout. Delphine, elle, veut y aller, pour faire vivre notre famille. Je lui interdis. Elle porte mon nom et j'ai peur de ce qui peut lui arriver. Son père aussi l'en dissuade. Elle demande donc à prolonger son congé parental.

Nous n'avons pas de quoi rembourser notre prêt immobilier. Le Crédit agricole commence à saisir notre compte bancaire, récupérant les allocations familiales et les indemnités du congé maternité que nous touchons dès qu'elles nous sont versées.

Ces problèmes financiers créent des tensions au sein de notre couple. J'étais très mal dans ma peau, pas agréable à vivre, de mauvais poil. Delphine s'inquiétait de mon état dépressif. J'accepte un poste de commercial dans une agence immobilière. Pendant trois mois, je me démène.

Moi maton, j'ai brisé l'omerta

Mais je ne réussis pas à vendre une seule maison. Je suis mal tombé, c'est la période du crash immobilier... Or j'étais payé uniquement à la commission. Autant dire que je n'ai rien gagné. Mon père m'envoyait des mandats pour qu'on puisse s'acheter à manger et j'utilisais une partie de cet argent pour payer mes déplacements. Que j'emploie cet argent pour rechercher des biens à vendre désespé-rait ma femme. Je la comprends avec le recul... Mais à l'époque, je me répétais « ça va se vendre, ça va se vendre », j'y croyais.

Un jour, il y a eu un clash entre nous. Elle m'a demandé de quitter la maison. Émilie, l'une de ses témoins de mariage, était chez nous à ce moment là. Au téléphone, mon père m'a proposé de venir travailler avec lui dans le sud. Il s'était reconverti après sa retraite de militaire et avait monté une entreprise de maçonnerie. Je n'avais pas de quoi m'acheter un billet de train pour descendre sur la côte basque. Émilie m'a emmené jusqu'à la Rochelle – là où elle habitait – en voiture. J'ai dormi une nuit chez elle. Le lendemain son mari David m'a offert mon billet de train pour aller jusque chez mon père. Arrivé là-bas, j'ai commencé à travailler comme maçon et à recoller petit à petit les morceaux avec Delphine.

Je ne connaissais rien à la maçonnerie. Je me souviens de mon premier chantier, une ferme immense, dont il fallait casser tout l'intérieur. Le propriétaire voulait en faire un restaurant et un gîte de luxe. On casse à la masse au début, puis au marteau burin. Je n'ai pas l'habitude d'un travail aussi physique. Je suis lent comme un escargot, pas du tout efficace. Mais mon père laisse faire et m'apprend le métier au fur et à mesure. Puis un autre chantier tombe, sur Bayonne, pour construire une terrasse en pierre de la Rhune. J'apprends le terrassement. On commençait à sept heures du matin et on finissait à dix-huit heures. Je faisais de bonnes journées… Le soir, je couche dans ma chambre d'enfant, chez mes parents. Ça fait bizarre, à trente ans passés. Je travaille pendant trois semaines, remonte quelques jours voir ma femme et ma fille et ainsi de suite. Mon père me paie toutes les semaines pour que je puisse envoyer de l'argent à Delphine par mandat. Il m'avance les trajets aller-retour. Je me sens mieux car nous avons un peu d'argent qui rentre. Mais trois semaines c'est très long lorsqu'on a un enfant en bas âge et que son couple est fragile.

Parallèlement, j'écris tous azimuts pour rechercher des soutiens. J'écris à Rachida Dati, la ministre de la Justice de l'époque : pas de réponse. J'écris à Michèle Alliot-Marie, celle qui lui succède : pas de réponse. Je contacte tous les parlementaires de l'Assemblée nationale et du Sénat. Je leur écris en désespoir de cause, je ne sais plus vers qui me tourner. Dans mon courrier, je leur explique que je suis surveillant de prison, que j'ai témoigné contre deux chefs pour violences volontaires sur détenu, qu'ils ont été condamnés mais que je subis depuis les conséquences de ce témoignage et qu'il m'est impossible de retourner travailler dans ces conditions. Je leur demande conseil : faut-il que je démissionne ? Je reçois une seule réponse, celle d'un député de la septième circonscription de l'Oise – la circonscription de Liancourt –, Édouard Courtial. Il m'appelle, me raconte qu'il est au courant que de telles histoires existent en prison. Il me conseille de démis-sionner, de choisir un avocat réputé et médiatique et d'attaquer l'État.

À part lui, personne ne cherche à m'aider, tout le monde s'en fout. Je reçois un courrier de la directrice de Lannemezan qui me demande de rejoindre mon poste, prétendant n'avoir reçu aucun justificatif d'arrêt maladie de ma part depuis mars 2009 et considérant que mon absence s'apparente à un abandon de poste... J'ai pourtant envoyé tous les papiers nécessaires.

Mon médecin aurait pu prolonger mon arrêt maladie pour dépression. Mais je ne suis pas du genre à rester très longtemps dans une situation pareille. Le coup de fil d'Edouard Courtial a été un déclencheur. Je prends un papier et un stylo et rédige ma lettre de démission. Dans

La descente aux enfers

ce courrier daté du 15 mai 2009, je précise que cette démission fait suite à mon témoignage au centre pénitentiaire de Liancourt et à ses conséquences. Je suis à la fois en colère de devoir quitter un boulot à vie, soulagé de ne plus avoir cette pression permanente sur mes épaules et perdu car je ne sais pas ce que nous allons devenir.

Fin octobre, mon père n'a plus de chantier en cours. Je cherche du boulot en intérim mais ne trouve rien. Ludovic, un ami d'enfance de Delphine, celui qui sur-veillait les alentours lors de notre mariage, nous apporte régulièrement des sacs de courses et nous glisse quelques billets au passage... Ma petite sœur, Stéphanie, m'envoie des mandats pour que nous puissions acheter de quoi manger. Arrive la fin de l'année 2009. Nous n'avons même plus de quoi payer le fioul pour chauffer la maison. Je démonte une vieille cabane située au fond du jardin pour récupérer du bois et faire des feux de cheminée. Nos comptes sont vides. Nous n'avons plus rien dans les placards. On touche le fond.

La semaine qui précède Noël, seuls les enfants ont de vrais repas. Delphine et moi nous contentons de boire du café et de grignoter du pain. Le jour précédant Noël, il n'y a plus rien, même pour les enfants. Je me dis qu'il faut absolument trouver une solution. Et je ne sais pourquoi, l'idée me vient alors de braquer une banque. Je veux à tout prix trouver de l'argent pour que les enfants mangent à leur faim. Je ne savais pas quoi faire d'autre. En travaillant en prison, on rencontre beaucoup de types qui ont commis des braquages et qui se font prendre seulement la huitième ou la neuvième fois. Je suis donc persuadé que je peux réussir sans me faire arrêter.

Avant de me lancer, j'appelle mon père. C'est vrai que c'est lui que j'appelle ce jour là, alors que nos relations étaient compliquées. Je savais que je restais son fils et qu'il se démènerait pour moi. Ce coup de fil à mon père était un appel au secours. Un dernier message aussi au cas où quelque chose de grave arriverait. Je pensais à me foutre en l'air à cette époque.

Je lui annonce que je vais braquer une banque, celle de la Poste de Grandvilliers. J'ai repéré les lieux, les habi-tudes des gens. Mais je n'ai pas de flingue. Je ne sais pas comment je me serais débrouillé, je pensais arriver, dire «bonjour c'est un hold-up », voilà. On peut braquer une banque sans arme, en mettant par exemple sa main dans la poche et en faisant croire qu'il s'agit d'un pétard, à travers le manteau. Mon père me rappelle à l'ordre : « t'es un con, faut surtout pas faire ça, pense aux enfants »... Je me souviens encore de cette scène. Je suis assis par terre, dans la cuisine,   face   aux   placards   vides.

La descente aux enfers

Mes parents savaient que j'avais témoigné contre mes collègues, que nous avions été protégés par les gendarmes et que nous avions des soucis mais ils n'imaginaient pas que nous connaissions de tels problèmes financiers.

Mon père ne pouvait pas me prêter d'argent ce jour là : l'un de ses clients ne l'avait pas payé et il avait un trou de six mille euros dans sa caisse. Alors il a demandé à l'un de ses ouvriers de me prêter de l'argent. Ce n'était pas n'importe qui. Serge était un ancien sans-abri. Sa femme l'avait quitté, il s'était retrouvé à la rue, avait vécu sous les ponts avant de rencontrer mon père en buvant un café dans un bar. Et mon père l'avait embauché.

Serge lui a donné quatre cents euros pour moi sans hésiter. Mon père m'a envoyé l'argent en mandat cash urgent à la poste. Moins d'une heure après, je venais le retirer... au même guichet que je voulais braquer quelques heures auparavant ! Avec cette somme, je suis allé faire un plein de courses immédiatement.

J'ai eu ensuite ma grand-mère au téléphone, qui souhaitait envoyer un chèque à Maïllys pour son Noël et son anniversaire. Elle lui a envoyé quatre cents euros. J'ai encaissé le chèque et utilisé l'argent pour nourrir la famille pendant quelques semaines.

Heureusement mon père récupère à nouveau des chantiers en février, l'année suivante. Je passe encore quelques mois à faire les allers-retours entre Rouen et la maison de mes parents. Puis nous décidons avec Delphine de partir vivre près de chez eux, sur la Côte basque. Nous déménageons en juin 2010.

Le lendemain de notre arrivée, je commençais un autre boulot. Mon père n'avait à nouveau plus de chantier. Je deviens agent de sécurité et garde un golf la nuit, pour mille deux cents euros par mois. Sauf que je n'ai jamais été payé. J'ai récupéré mon salaire deux ans plus tard, aux prud'hommes… Je suis ensuite embauché comme chauffeur livreur dans une boulangerie, puis comme agent de stationnement. Miracle : je signe bientôt un CDI en tant qu'intervenant sur alarmes. Je suis responsable de tout le département des Pyrénées-Atlantiques. Je ne compte pas mes heures. La patronne prolonge d'un mois ma période d'essai et me vire le dernier jour, juste avant que mon CDI ne devienne effectif… J'ai exercé ensuite les boulots les plus divers, dirigeant des engins de chantier pour assurer la sécurité au sol, travaillant dans un Carrefour la nuit à déplacer des rayons – c'est très physique, il faut les soulever remplis avec des barres de levier et les placer sur des patins à billes -, triant le courrier et récupérant des colis en entreprise pour le compte de la Poste.

Les boulots ne s'enchaînent pas toujours, loin de là. Nos difficultés financières perdurent. Mes parents me conseillent de prendre rendez-vous avec une assistante sociale. Elle me reçoit et me propose de m'inscrire à l'épicerie sociale de la Croix Rouge.

Les distributions ont lieu le mardi et le vendredi à quatorze heures. Le vendredi suivant, je me présente
à quatorze heures pile. Il y a déjà une file d'attente interminable. Je passe aux alentours de dix-sept heures seulement. Le rituel est toujours le même. On nous donne un numéro, comme à la Sécurité sociale. Ensuite on entre dans une pièce d'une trentaine de mètres carrés où s'alignent différents rayons. Un bénévole nous y attend, une feuille à la main. Le nombre de membres de la famille et les quotas de nourriture auxquels on a droit sont indiqués : deux litres d'huile par mois, une tablette de cho-colat tous les quinze jours, un paquet de gâteaux par semaine, un paquet de café, une boîte de chocolat en poudre ou du thé, trois ou quatre pains par semaine, des légumes à volonté, un gâteau congelé - une tarte au choco-lat ou une tarte aux pommes. Je me souviens de tout très précisément. J'y suis allé assez souvent pour ça… Ensuite, on arrive au rayon frais. Si on est dans les derniers, il n'y a plus rien. Une bénévole m'a expliqué qu'il fallait venir
à neuf heures le matin et attendre jusqu'à quatorze heures
à l'extérieur pour être sûrs d'avoir le choix…

Moi maton, j'ai brisé l'omerta

A la fin, on présente nos cabas et on paie. Ce n'est pas gratuit mais ça n'est vraiment pas cher. Je faisais des courses pour la semaine pour vingt euros. Je ne pouvais rien dépenser d'autre. Mes parents nous offraient en plus un plein de courses une fois par semaine.

Le vendredi d'après, j'ai fait ce que m'avait conseillé la bénévole. Je suis arrivé à neuf heures du matin. Je n'ai osé parler à personne, j'avais trop honte. Mais par la suite, j'arrivais toujours en même temps qu'une petite dame âgée et nous avons sympathisé. Nous n'avions que ça à faire, discuter. Qu'il pleuve, qu'il fasse froid, peu importe, nous devions attendre dehors.

C'est là que j'ai commencé à prendre conscience de ce que signifiait la pauvreté. La vraie pauvreté. Cette vieille dame touchait seulement le RSA et ne s'en sortait pas. Elle avait soixante dix-huit ans et faisait la queue dehors comme ça toutes les semaines... Ca m'a fait de la peine. Je rencontrais des gens qui connaissaient des situations bien pires que la mienne. Cela m'est arrivé plusieurs fois de ne pas prendre un produit pour le laisser à la personne suivante, qui était encore davantage dans le besoin. Nous étions solidaires les uns les autres. J'étais hors de moi en revanche la fois où j'ai croisé une aide-soignante qui devait gagner mille cinq cents euros net par mois. Un jour aussi

La descente aux enfers

une personne est arrivée en Mercedes CLK, une voiture qui vaut entre quarante mille et quatre-vingts mille euros !

Je suis allé à l'épicerie sociale pendant plus de deux ans. Je le vivais chaque fois très mal de me retrouver là. Avoir été fonctionnaire de l'État et manger à la Croix Rouge... Et puis ne pas gagner sa vie lorsqu'on est un homme, ne pas parvenir à faire vivre sa famille, ne pas se débrouiller pour qu'ils aient à manger, c'est humiliant. Qu'est ce que j'ai fait pour en arriver là, pour toucher autant le fond ?

Sur les conseils d'Edouard Courtial, le seul député qui avait daigné répondre à mon courrier, j'avais décidé de prendre un avocat pour attaquer l'Etat. Je contacte une personnalité médiatique du sud de la France. Il me donne rendez-vous à son cabinet à Marseille. Je pars à l'aube en voiture avec mon épouse et sa fille Anne-Sophie. Nous roulons pendant plus de sept heures. La rue où se situe son cabinet est assez misérable, à mon grand étonnement. Je m'attendais aussi à un beau bâtiment, il s'agissait d'un avocat réputé quand même... Mais il ne paie pas de mine non plus. Les filles partent boire un café dans le bar voisin, je monte seul. La secrétaire me fait entrer dans son bureau. Il quitte à peine les yeux de son téléphone à mon arrivée et ne se lève pas pour me saluer. Je lui raconte mon histoire. Il affirme qu'il n'a jamais entendu de récits pareils, que ce qui m'arrive est anormal, qu'on peut attaquer l'État et gagner. Je retrouve espoir mais il conclut ensuite : « ça vous fera huit mille euros ». Je suis devenu tout blanc. Je n'avais évidemment pas une somme pareille. Mais c'était ça ou rien m'a déclaré l'avocat, alors qu'il savait qu'on mangeait à la Croix Rouge. Il voulait la totalité de l'argent d'avance. Mes parents ont proposé une fois de plus de m'aider et ont signé plusieurs chèques, qu'il a débités au fur et à mesure.

Les semaines passent. J'appelle régulièrement la secrétaire qui me promet toujours qu'on va me rappeler. Mais ce n'est jamais le cas. Un jour je menace de me buter et de buter toute ma famille si on ne me répond pas dans la journée. Je sais que ce sont des paroles extrêmes mais j'étais à bout et je voulais qu'ils réagissent. Le soir même, son associé, me contacte et me propose de faire requalifier ma démission en licenciement abusif. Je reprends espoir.

Cet associé quitte malheureusement le cabinet peu de temps après. Début 2014, alors que nous devions passer prochainement au tribunal, je consulte mon dossier sur le site internet Sagace[1] et le découvre associé au nom d'un autre avocat, Me Picard. J'appelle la secrétaire de mon

---

1. Ce service permet, muni d'un code confidentiel attribué par le greffe du tribunal administratif, de consulter une synthèse des informations relatives à un dossier conten-tieux. Il est réservé à l'usage exclusif des parties à un litige.

avocat, qui prétend m'avoir envoyé un courrier pour me prévenir que mon dossier avait été confié à un confrère du barreau de Versailles, Me Frédéric Picard. Je suis fou de rage. Lorsque j'arrive enfin à avoir Picard au télé-phone, il m'avoue qu'il n'a toujours pas mon dossier entre les mains. Je rappelle la secrétaire pour leur deman-der d'avoir la correction au moins d'envoyer les éléments me concernant.

Le jour de l'audience arrive. Le 4 septembre 2014 à neuf heures du matin, alors que je suis dans la salle du tribunal aux côtés de Me Picard, je découvre qu'il lui manque encore de nombreux documents importants que j'avais communiqués à mon précédent avocat. Il a entre les mains une dizaine de pages sur les deux cents environ que comportait mon dossier. Le rapporteur public m'en envoie plein la figure. Elle prétend que ce n'est pas moi qui ai témoigné, qu'il n'y a aucune trace de cette déposition au sein de l'administration pénitentiaire, que je voulais de toutes façons en partir et que j'ai utilisé ce prétexte falla-cieux. Je bous sur mon siège. Picard n'a même pas en main ma lettre de démission dans laquelle j'expliquais ce qui s'est passé. A la sortie, je le préviens que je veux faire appel si je perds. Trois semaines plus tard, la requête est rejetée. Mais lorsque je l'ai au téléphone pour évoquer la procédure d'appel avec lui, il m'annonce qu'il est trop tard, que les délais sont écoulés.

Récapitulons : j'ai donné huit mille euros à un avocat qui, au lieu de s'occuper de mon affaire, l'a confiée sans me prévenir à un confrère, qui n'avait même pas mon dossier à l'audience. J'ai perdu et ni l'un ni l'autre ne se sont occupé de mon appel comme je leur avais demandé. Dans cette sombre histoire, je n'aurai donc même pas eu le réconfort d'obtenir gain de cause devant les tribunaux.

Déboires judiciaires, difficultés financières, soucis de couple, précarité de l'emploi... les conséquences de mon témoignage se font toujours sentir dix ans plus tard. À l'heure où j'écris ces lignes, je suis toujours en intérim à la Poste, dix-sept heures trente par semaine. Ce n'est pas beaucoup mais c'est mieux que rien. Delphine, elle, a suivi une formation d'aide-soignante et fait des remplacements dans une maison de retraite. J'espère ne jamais avoir à retourner à l'épicerie sociale de la Croix Rouge. Grâce aux amis et à la famille qui nous ont aidés, nous avons réussi à éviter le pire. Je ne me suis pas tiré une balle dans la tête. Et j'ai retrouvé un père à trente-trois ans.

Nous avons un huissier sur le dos depuis deux ans. Le Crédit agricole nous réclame désormais le double du montant de notre prêt immobilier. Lorsque nous avons vendu la maison de Rouen, nous avons remboursé mes parents et nos dettes les plus urgentes. L'argent de la vente nous a aussi servi à payer le loyer de notre maison actuelle. Nous n'avons donc pas pu rembourser notre crédit. Depuis quatre mois, je verse cent euros par mois à l'huissier. Mais il est évident que cela ne suffira pas.

Pourquoi ai-je témoigné ce fameux 7 novembre 2006 ? C'est simple. Lorsque vous signez pour un boulot de ce type, on vous rabâche que les détenus sont déjà jugés, qu'ils n'ont pas à être jugés une deuxième fois, qu'il faut les traiter avec respect malgré ce qu'ils ont pu commettre. Le pire des pédophiles doit être traité comme un être humain. Moi, je fais ce que la loi me demande. C'est illégal de frapper les détenus. C'est injuste et on n'a pas le droit. Et ce n'est pas parce qu'on porte un uniforme qu'on doit s'estimer au-dessus des lois. On doit marcher dans les clous. Moi au moins, je peux me regarder fièrement dans la glace tous les jours.

Où en serais-je si je n'avais pas agi de la sorte ? Avec Pascal, Guillaume et Delphine, nous nous remémorons souvent tous ces moments partagés ensemble et que nous ne vivons plus désormais Delphine et moi. Cela peut paraître bizarre mais j'éprouve de la nostalgie pour ce tra-vail. Je n'aimais pas ce que je faisais au début, je voulais changer de boulot comme beaucoup mais ensuite, avec

Moi maton, j'ai brisé l'omerta

cette bande de copains que nous avions formée, nous nous sentions bien. C'était dur physiquement et moralement mais nous étions très soudés. Si je n'avais pas parlé, j'aurais actuellement la même ancienneté que Pascal. Je serais surveillant principal, le dernier galon avant d'être officier, voire chef. Ca me donne le bourdon. Je comprends à pré-sent pourquoi les gens se taisent et ne balancent jamais les collègues. Ils savent que leur vie bien rangée et paisible peut se transformer en cauchemar.

Mais ce qui me met le plus hors de moi, c'est ce que j'ai appris sur Codevelle et Caux. J'ai découvert le pot aux roses en consultant les résultats des Commissions pari-taires pénitentiaires. Non seulement ces deux surveillants n'ont pas été révoqués mais ils sont retournés travailler à Liancourt. Pire, ils ont été promus et sont tous les deux devenus majors. Ils ne méritaient même pas de rester surveillants selon moi. Mais prendre du galon et être majors en plus… Les bras m'en tombent. Mon administration préfère donc étouffer les situations embarrassantes et faire la sourde oreille.

Eux ont maltraité des détenus à plusieurs reprises et sont toujours chefs. Moi qui ai dénoncé une injustice et dit la vérité je me retrouve en intérim à la Poste et à présenter un dossier de surendettement à la Banque de France. C'est écœurant. Je ne méritais pas ça.

La descente aux enfers

Je suis passé par tous les états, désespoir, dépression, colère, rage, haine. Je suis fatigué de tout ça. Fatigué de me battre seul.

Près de dix ans après les faits, je paie encore très cher cette dénonciation qui n'était destinée qu'à rendre justice à un homme tabassé sans raison. Qu'ai-je fait sinon respec-ter l'esprit du code de déontologie de notre profession (mis en place bien tardivement en 2010...) ? Il y est écrit noir sur blanc : « le personnel de l'administration péniten-tiaire a le respect absolu des personnes qui lui sont confiées par l'autorité judiciaire et de leurs droits. Il s'interdit à leur égard toute forme de violence ou d'intimidation (...) [Il] ne peut faire un usage de la force que dans les conditions et limites posées par les lois et règlements (...) [Il] doit en toute circonstance se conduire et accomplir ses missions de telle manière que son exemple ait une influence positive sur les personnes dont il a la charge et suscite leur respect (...). Le personnel qui serait témoin d'agissements prohibés par le pré-sent code doit s'efforcer de les faire cesser et les porter à la connaissance de sa hiérarchie ».

—

Tel un détenu tentant de s'évader de prison, j'ai le sen-timent de m'être engagé dans un immense tunnel. Le prisonnier aperçoit de la lumière au loin. Mais de mon côté, plus le temps passe, plus ce tunnel devient long et sombre et moins j'entrevois la sortie.

—

Tous les matins en me levant je me répète intérieurement la même question : est-ce que tu as bien fait ?

Et vous, qu'auriez-vous fait à ma place ?

TABLE DES MATIÈRES

REMERCIEMENTS

Je voudrais remercier :

Mon épouse Delphine tout d'abord. Elle a supporté mes angoisses, ma dépression, mes envies d'en finir. Elle a perdu son travail et la vie que nous avions avant. Mais elle est toujours présente à mes côtés. Peu de personnes auraient supporté tout ce qu'elle a enduré.

Ma fille Maïllys et ma belle-fille Anne-Sophie, qui me donnent tant d'amour et de courage et qui m'ont permis de rester en vie et de continuer à me battre.

Ma famille et belle-famille qui ont vécu cette histoire au plus près et m'ont sans cesse aidé moralement et financièrement durant de longs mois.

Mes amis Pascal et Guillaume qui ont toujours été présents.

Mon ami Ludovic et sa famille, qui nous ont toujours soutenu.

Laurence, sans qui ce livre n'aurait jamais vu le jour, pour son écoute, son travail acharné et le temps qu'elle a consacré à cet ouvrage.

Sans vous, j'aurais peut-être sombré dans la folie ou ne serais tout simplement plus là...

www.ingramcontent.com/pod-product-compliance
Lightning Source LLC
Chambersburg PA
CBHW070805240726
48654CB00007B/219